目で見る

刑事訴訟法

教材【第3版】

田口守一＋佐藤博史＋白取祐司編著

YUHIKAKU

第3版　はしがき

　今日，刑事司法制度は，大きな改革のうねりの中にある。裁判員制度の導入など公判手続を大きく変えた 2004 年の司法制度改革を「第 1 次刑事司法制度改革」と呼ぶならば，捜査手続と公訴手続の改革に取り組んだ 2016 年の改革は「第 2 次刑事司法制度改革」と呼ぶことができよう。

　本書第 3 版では，このような刑事司法制度の改革を反映させるために，主に以下の改訂を行った。まず，本書第 2 版は 2009 年に出版されたが，その後の刑事訴訟法とその関連法規の改正を反映させた。この間の主な改正法は以下のとおりである。

　(1)　2010 年，「刑法及び刑事訴訟法の一部を改正する法律」(平成 22 年法律第 26 号) による公訴時効制度の改正。

　(2)　2011 年，「情報処理の高度化等に対処するための刑法等の一部を改正する法律」(平成 23 年法律第 74 号) による電磁的記録物に関する新たな捜索・差押え制度の整備。

　(3)　2015 年，「裁判員の参加する刑事裁判に関する法律の一部を改正する法律」(平成 27 年法律第 37 号) による，特定事件を裁判員裁判の対象事件から除外する改正。

　(4)　2016 年，「刑事訴訟法等の一部を改正する法律」(平成 28 年法律第 54 号) による，取調べの録音・録画制度の導入，合意制度・刑事免責制度の導入，通信傍受法の対象範囲の拡大，被疑者の国選弁護人制度の拡充，証拠開示制度の拡充，犯罪被害者・証人等の保護措置の拡充，自白事件の簡易迅速な処理のための措置等の改正。なお，この 2016 年改正法の施行期日は，その改正内容により，①2016 年 6 月 23 日，②2016 年 12 月 1 日，③2018 年 6 月 1 日 (予定) および④改正法の公布日から 3 年以内の政令で定める日と 4 段階となっているが，本書では，上記③および④の対象となる改正法も全て施行されたことを前提として改訂することとし，とくに施行期日に触れる必要がある場合は，個別の箇所で触れることとした。

　また，改訂に当たっては，改正法に対応して「東京湾殺人事件」の Story も改訂し，関連する書式の記載内容も改訂した。なお，書式の日付には「平成 32 年」等の表記もあるが (上告棄却決定等)，新元号となった後にしかるべき手当てをする予定である。さらに，2009 年以降の重要な判例もできる限り取り上げ，また統計数値も最新のものに改めた。刑事訴訟法の講義を聴いたりまた基本書を読みながら，ふと刑事手続の実際はどうなっているのかという疑問がわいたときなどに，本書を参照することで少しでも刑事手続を具体的にイメージすることができればと願っている。

　今回の改訂にあたっても，最高裁判所，法務省，警察庁および日本弁護士連合会から写真・統計・書式等を含む貴重な資料を提供していただいた (提供元は巻末の一覧表参照)。後進のためということで，快くご協力下さった関係各位に深く御礼を申し上げる。

　最後に，有斐閣書籍編集部の中野亜樹氏および島袋愛未氏は，われわれの編集会議の全てに参加されるばかりでなく手間のかかる資料収集や校正等の作業を担って下さった。両氏の全面的なご協力がなかったら，本書をこの時期に刊行することは到底できなかったであろう。改めて心より感謝する次第である。

　2018 年 2 月

　　　田　口　守　一
　　　佐　藤　博　史
　　　白　取　祐　司

追記：
第 3 版第 2 刷の発行にあたって書式の年号訂正など最小限の補訂を行った。

初版　はしがき

　刑事訴訟の実務に携わろうとする者にとっても，刑事訴訟の理論に関心を寄せる者にとっても，刑事訴訟の実際を理解しておくことが，当然の前提となる。とりわけ「書式」は，手続のいわば道具のようなもので，その具体的なイメージなくして，手続の理解は困難と言わざるをえない。また，刑事訴訟の実際を知るためには，「統計資料」にあたり，刑事司法の全体像を常に念頭に置く必要もある。そこで，本書では，一般的な解説を最小限度にとどめ，つとめて手続を「図解」し，通常の教科書では触れられていない「書式」や「統計資料」に刑事訴訟の実際を語らせることにした。

　また，本書では，「東京湾殺人事件」という仮想の事件を設定し，刑事手続がどのようにして始まり，どう展開し，どのような結末を迎えるのかを，「ストーリー」と「書式」とをクロス・レファレンスさせながら読み進むことが出来るように工夫してある。仮想の事件とはいえ，いくつかの実際の事件をベースにしているので，十分な臨場感（そして，いささかのサスペンス）を味わって頂けるはずである。

　ところで，今日，刑事司法も大きな時代の動きの中にあり，いわゆる「裁判員制度」も具体的な立法作業の段階に入っている。市民が刑事司法に参加する時代が始まろうとしているのである。このような時にあっては，一般市民の方々にとっていわば取っつき易い刑事訴訟法の本も必要となろう。本書は，ユニークな刑事訴訟法の副読本として，このようなニーズにも応えうるのではなかろうか。本書が一般市民の方々にも利用して頂けたら幸いである。

　資料の多くは，一般に公表されているものから収録したが（巻末出典一覧参照），裁判所，法務省，検察庁，警察庁，日本弁護士連合会など関係諸機関にお願いし提供して頂いたものもある。また，印刷物からの引用は，それぞれ許可を得た。本書の趣旨をご理解頂いたことに対し，厚く御礼を申し上げる次第である。なお，掲載写真のうち，被疑者，被告人あるいは一般市民の写っているものは（II 1-1, II 1-2, II 4-12, II 4-13, II 6-1, III 1-5, III 2-6, IV 1-1），当然のことながら，全て模擬写真であることを予めお断りしておく。

　最後に，本書の編集作業の途中で，書式の「横書き」化がなされ，新たな「横書き」の書式の収集と旧書式の全面的な書き替えを余儀なくされた。そのため，出版予定も大幅に遅れることとなったが，その間の困難な作業は，全て有斐閣書籍編集部の山下訓正，山宮康弘，五月女謙一の各氏が行って下さった。編集会議にも辛抱強く付き合って頂いた三人の忍耐と，そして巧みな催促なくして，本書の出版はあり得なかったであろう。心より御礼を申し上げる次第である。

2002 年 7 月

田　口　守　一
佐　藤　博　史
白　取　祐　司

目　　次

Ⅰ　序　　論 ——————————————— 1

1　刑事手続の概観 ·· 1

2　刑事訴訟法の歴史 ······································· 2

3　刑事訴訟法の目的と構造 ······························ 4
- *1* 刑事訴訟法の目的　4
- *2* 刑事訴訟法の構造　5

4　訴訟関与者 ·· 6
- *1* 司法警察職員　6
- *2* 弁護人　7
  - (1) 国選弁護人制度の改革　(7)　(2) 日本司法支援センター　(7)　(3) 被疑者の弁護人制度　(7)　(4) 被告人の弁護人　(9)
- *3* 犯罪被害者　10
  - (1) 捜査・公訴手続における被害者の地位　(10)　(2) 公判における被害者の地位　(10)　(3) 証拠開示における被害者の地位　(11)

Ⅱ　捜　　査 ——————————————— 13

1　捜査の端緒 ··· 14
- *1* 捜査機関による捜査の端緒　14
- *2* 捜査機関以外の者による捜査の端緒　18

2　任意捜査 ·· 19

3　物的証拠の収集 ··· 22
- *1* 捜索・差押え　22
- *2* 検証・鑑定　24
  - (1) 検　証　(24)　(2) 鑑　定　(26)
- *3* 科学的捜査　27

4　被疑者の身体拘束 ······································ 32
- *1* 逮　捕　32
- *2* 勾　留　38

iii

5 供述証拠の収集 ……………………………………………………………… 42

1 被疑者の取調べ　42

2 取調べの可視化制度　42

3 被疑者以外の者の取調べ　43

4 協議・合意制度　43

5 公判前の証人尋問　44

6 通訳・翻訳　45

6 被疑者の防御権 ………………………………………………………………… 46

1 被疑者国選弁護人制度　47

(1) 請求による被疑者国選弁護人制度 (47)　(2) 職権による国選弁護人の選任 (48)　(3) 被疑者に対する国選弁護人選任の効力 (48)

2 接見交通権　48

7 捜査の終結　52

1 微罪処分　52

2 検察官送致　53

Ⅲ 公　訴 ——————————————————————————————— 54

1 検察官の事件処理 …………………………………………………………… 54

1 起訴便宜主義　54

2 不起訴処分の審査　55

(1) 検察審査会 (56)　(2) 準起訴手続 (57)

2 公訴権・訴訟条件 …………………………………………………………… 58

1 公訴権　58

2 訴訟条件　59

(1) 訴訟条件の意義・種類 (59)　(2) 少年審判 (61)　(3) 公訴時効 (63)

3 公訴の提起 …………………………………………………………………… 64

1 公判請求　64

(1) 起訴状の提出 (64)　(2) 起訴状の送達 (66)　(3) 起訴状記載の問題点 (66)

2 略式命令請求　67

Ⅳ 公　判 ——————————————————————————————— 68

1 総　説 ………………………………………………………………………… 68

1 公判総論　68

(1) 公判の構造 (68)　(2) 公判廷 (68)

2 裁判員制度　69

（1）　裁判員制度の創設　(69)　　（2）　裁判員の要件　(71)　　（3）　裁判員の選任手続　(71)

3　公判の原則　77

（1）　公開主義　(77)　　（2）　直接主義・口頭主義，弁論主義　(77)　　（3）　集中審理主義　(77)

4　公判手続の態様　79

（1）　簡易公判手続　(79)　　（2）　即決裁判手続　(79)

❷　公判の準備手続……………………………………………………81

1　被告人の出頭確保　81

2　第1回公判期日前の準備手続　85

3　第1回公判期日後の準備手続　86

4　公判前整理手続　86

（1）　総説　(86)　　（2）　公判前整理手続の内容　(87)　　（3）　争点整理・証拠整理　(87)　　（4）　証拠開示　(87)　　（5）　公判手続の特則　(89)　　（6）　期日間整理手続　(90)

❸　公判手続………………………………………………………………92

1　公判手続の流れ　94

（1）　冒頭手続　(94)　　（2）　証拠調べ手続　(99)　　（3）　弁論　(107)　　（4）　判決手続　(107)

2　裁判員の参加する公判手続　108

（1）　起訴後の第1回公判期日まで　(108)　　（2）　公判期日と手続の更新　(108)　　（3）　公判における証拠調べ手続　(109)　　（4）　部分判決手続　(109)　　（5）　判決　(110)　　（6）　裁判員の保護・罰則等　(110)

Ⅴ　証拠と事実認定————————————————112

❶　総　　説………………………………………………………………112

1　証拠裁判主義　112

2　自由心証主義　113

❷　証拠の許容性………………………………………………………114

1　証拠の関連性　114

（1）　悪性格の立証　(114)　　（2）　科学的証拠　(114)

2　違法収集証拠の排除法則　115

❸　自白法則……………………………………………………………116

v

4 伝聞法則 ·· 118

Ⅵ 裁　判 ———————————————————————— 121

1 裁判の内容 ·· 121
　1　有罪判決　122
　2　無罪判決　124

2 裁判の効力 ·· 126

3 一事不再理の効力 ·· 126

Ⅶ 救済手続 ———————————————————— 127

1 上　訴 ·· 127
　1　控　訴　128
　2　上　告　130

2 非常手続 ·· 131
　1　再　審　131
　2　非常上告　132

Ⅷ 裁判の執行 ———————————————————— 134

巻末資料　135
資料一覧　138

凡　例

概況(上)(下)　最高裁判所事務総局刑事局「平成 27 年における刑事事件の概況(上)(下)」法曹時報 69 巻 2 号 427 頁以下，同
　　　69 巻 3 号 427 頁以下
警察庁　警察庁『犯罪統計書平成 28 年の犯罪』
警察白書　警察庁『警察白書平成 29 年版』
検察統計年報　法務省『検察統計年報　平成 28 年版』
司法統計年報　最高裁判所事務総局『司法統計年報 2　刑事編　平成 28 年版』
犯罪白書　法務省『犯罪白書　平成 28 年版』
犯罪被害者白書　国家公安委員会・警察庁『犯罪被害者白書（平成 28 年版)』
弁護士白書　日本弁護士連合会『弁護士白書　2016 年版』
　＊警察庁・検察庁発行のパンフレット・リーフレット類は単に「警察庁パンフレット」等と表記した。
　＊＊統計資料については，計算上の端数のため，合計が 100％ にならないものがある。
（　）内の法令名については，刑事訴訟法は法令名を省略して条数のみで表記し，それ以外の法令名については，原則
として，有斐閣『六法全書』の「法令名略語」によった。

---

vi

I 序　論

1　刑事手続の概観

　捜査機関が犯罪を認知すると，捜査が開始される。捜査機関は，捜索・差押え等の手段を使って犯罪の証拠を収集するとともに，必要があれば逮捕等によって犯人の身体を確保する。捜査機関による捜査が終結すると，事件は検察官に送致される。【捜査手続】

　事件を受理した検察官は，必要があればさらに捜査を尽くし，事件を起訴処分とするか不起訴処分とするかの事件処理を行う。不起訴処分の多くは起訴猶予である。起訴する場合も，比較的軽い多くの事件は略式命令請求となるが，重い事件については公判請求がなされる。【公訴手続】

　公判請求がなされると，必要なときには公判前整理手続を経たうえで，公開の法廷で証拠調べがなされ，検察官による犯罪事実の立証とこれに対する被告人・弁護人による反証などの防御活動が展開される。証拠調べが終了すると，弁論がなされ，有罪・無罪の判決が言い渡される。有罪判決でも，刑の執行猶予の場合と実刑の場合とがある。判決に不服があれば上訴されることもある。【公判手続】

　実刑判決が確定すれば，刑の執行がなされ，懲役・禁錮などの自由刑であれば刑務所に収容されることになる。【刑の執行手続】

　刑事訴訟法典は，以上の捜査手続，公訴手続，公判手続および刑の執行手続の全体を規定する。これを刑事手続ともいう。

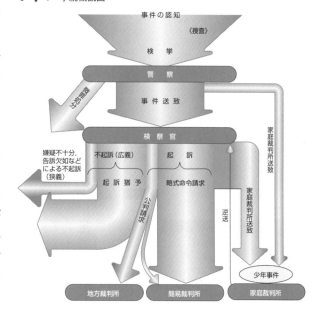

Ⅰ-1-1　手続概観図

ダイバージョン

　刑事手続の典型は，捜査を経て，起訴され，公判が開かれ，判決が言い渡されるというものである。しかし，手続概観図からも明らかなように，公判手続にまで至る事件は少なく（2015年の検察庁における終局処理人員の総数は119万1556人であり，このうち公判請求人員は9万2930人〔終局処理人員の7.8%〕である），多くの事件は典型的手続からそれて（divert），処理されている。例えば，2016年に警察において微罪処分となった件数は6万7340件であるが，これは成人の検挙人員の実に31.0%に相当する（とくに，占有離脱物横領罪〔その多くは自転車盗〕の49.5%は微罪処分となっている→52頁）。また，起訴猶予人員も67万686人で，これは検察庁における終局処理人員の56.3%にあたる（『犯罪白書』，『平成28年の犯罪』）。このような刑事事件の非刑罰的処理のことをダイバージョン（diversion）と呼んでいる。刑法では，犯罪の法効果はつねに刑罰であるが，刑事訴訟法では，犯罪に対してつねに刑罰的処理がなされるというわけではないことに注意しなければならない。

▶▶▶I 序　論

2　刑事訴訟法の歴史

I-2-1　年表

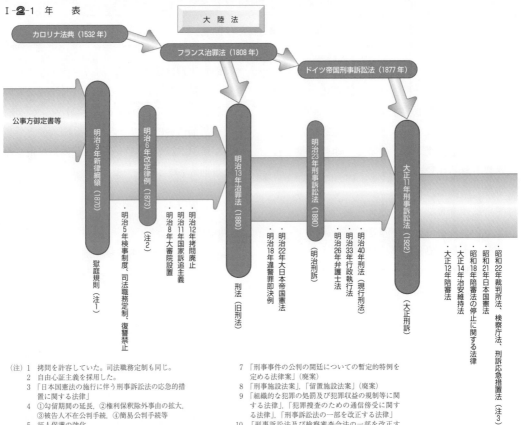

(注) 1　拷問を許容していた。司法職務定制も同じ。
　　 2　自由心証主義を採用した。
　　 3　「日本国憲法の施行に伴う刑事訴訟法の応急的措置に関する法律」
　　 4　①勾留期間の延長，②権利保釈除外事由の拡大，③被告人不在公判手続，④簡易公判手続等
　　 5　証人保護の強化
　　 6　費用の補償
　　 7　「刑事事件の公判の開廷についての暫定的特例を定める法律案」（廃案）
　　 8　「刑事施設法案」，「留置施設法案」（廃案）
　　 9　「組織的な犯罪の処罰及び犯罪収益の規制等に関する法律」，「犯罪捜査のための通信傍受に関する法律」，「刑事訴訟法の一部を改正する法律」
　　10　「刑事訴訟法及び検察審査会法の一部を改正する法律」，「犯罪被害者等の保護を図るための刑事手続に付随する措置に関する法律」

I-2-2　司法制度改革審議会意見書

I-2-3　足利事件の再審無罪を伝える新聞報道
　　　　　（読売新聞 2010 年 3 月 26 日）

▶▶▶ 2　刑事訴訟法の歴史

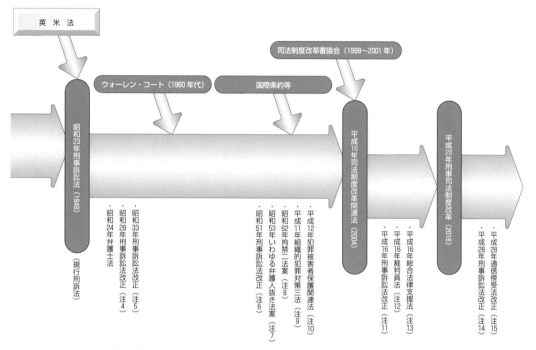

11　「刑事訴訟法等の一部を改正する法律」（公判前整理手続，即決裁判手続，被疑者の国選弁護人制度の創設等，検察審査会法の改正，少年法の改正）
12　「裁判員の参加する刑事裁判に関する法律」
13　①日本司法センター（愛称「法テラス」）の設置，②国選弁護人の選任業務等
14　①取調べの録音・録画制度，②合意制度・刑事免責制度等
15　①通信傍受の対象犯罪の拡大，②通信傍受手続の合理化・効率化

Ⅰ-2-4　特捜検事の証拠改ざん事件を伝える新聞報道
（読売新聞 2010 年 9 月 22 日）

Ⅰ-2-5　新たな刑事司法制度の構築についての調査審議の結果【案】・検察の再生に向けて

❸ 刑事訴訟法の目的と構造

1 刑事訴訟法の目的

　刑事訴訟法1条は，刑事訴訟法の目的として，人権を保障しつつ事案の真相を明らかにすることを掲げている。事案の真相を明らかにするとは，真実を発見することである。刑事訴訟において真実の発見を重視する考え方を実体的真実主義という。ただし，実体的真実主義にも積極的なものと消極的なものとがある。積極的実体的真実主義とは，犯罪はかならず発見して処罰に遺漏がないようにしようとするものであり，消極的実体的真実主義とは，罪のない者を処罰することがないようにしようとするものである。

　刑事訴訟法は，真実の発見と並んで人権の保障をその目的としている。したがって，人権保障原理が憲法規範であることも考慮すれば，消極的実体的真実主義の考え方を妥当とすべきである。法律上，真実の発見にも人権保障の要請から限界があることは明らかである。例えば，犯罪の証拠があっても，原則として裁判官の令状がなければ押収はできないし，これに反して押収された証拠を裁判で用いることはできない。このような場合には真実の発見は断念されなければならない。こうして，人権を保障しつつ真実を発見する適正手続（due process）の実現が刑事訴訟法の最大の課題となる。刑事訴訟法の目的は，適正手続により刑事事件を迅速に解決することにあるといえよう。

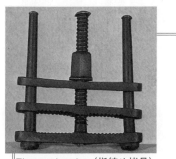

Fingerschraube（指締め拷具）

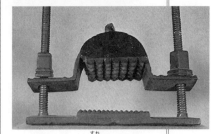

Beinschraube（臑締め拷具）

Ⅰ-❸-1
　西洋における糺問主義訴訟の時代に合法的に行われた指や骨を締め付ける拷問道具。

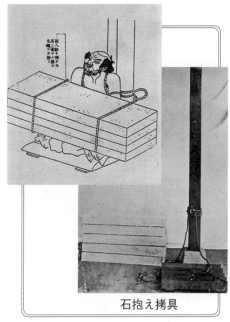

石抱え拷具

Ⅰ-❸-2
　日本の江戸時代に行われた拷問道具。一枚の石は12貫（約20 kg）あり，下の板には波が付けられている。

2 刑事訴訟法の構造

刑事訴訟法の目的を実現するためには，それにふさわしい訴訟構造であることが要請される。歴史的に見ると，西洋においても日本においても，もっぱら真実の発見に比重をおいた糾問主義の時代があり，例えば自白を強要する拷問を法的に許容するような訴訟構造であった。しかし，西洋では，近代にいたって人権思想が重視されるようになり，拷問が廃止されるとともに，単一の国家権力が一方的に刑事手続を進行させる糾問主義の訴訟構造に対して，犯罪を訴追する（弾劾する）国家機関とそれを審判する裁判機関とを分離する弾劾主義の訴訟構造が採用されるようになった。

もっとも，同じ弾劾主義の訴訟構造の下でも，訴訟進行の責任者を裁判官とする職権主義の訴訟構造と当事者にその責任を持たせる当事者主義の訴訟構造とがある。伝統的に，大陸法は職権主義の訴訟構造をとり，英米法は当事者主義の訴訟構造をとる。わが国は，明治時代に大陸法を継受したが，戦後は英米法の影響を強く受け，今日では，刑事訴訟の目的を実現させるには当事者主義の訴訟構造がふさわしいとの考えが定着している。

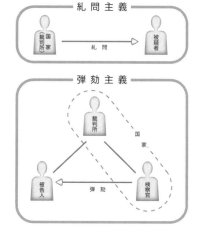

I-3-3 糾問主義と弾劾主義

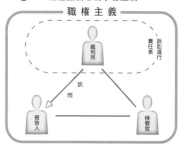

I-3-4 職権主義と当事者主義

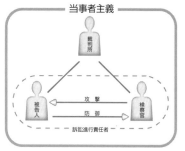

精密司法と核心司法

日本の刑事訴訟法の姿を簡潔に表現しようとした学術用語である。「精密司法」とは，「取調べを中心とする徹底した捜査活動に始まり，検察官は詳細な資料を手中にして，証拠の確実性と訴追の必要性の両面から事件を細密に検討し，続いて公判では，弁護人の十分な防御活動をも加えて，裁判所は細部にわたる真相の究明に努め，その結果に従って判決する」（松尾浩也「刑事訴訟の日本的特色」曹時 46 巻 7 号 26 頁）というわが国に伝統的な刑事実務のことをいう。

他方，精密司法に代わって，「核心司法」という考え方が提唱され，「公判での証人尋問，反対尋問も，精密なものではなく，核心的なものになるかもしれない。それは，『ラフ・ジャスティス』ではない。あえていうならば『核心司法』である」（平野龍一「参審制の採用による『核心司法』を──刑事司法改革の動きと方向」ジュリ 1148 号 2 頁）とされた。裁判員裁判では，裁判員が調書を読み込むことを前提とすることはできないので，精密な調書を前提とした精密司法は改変されざるをえない。核心司法は，当事者の主張する事実を中心とする裁判の姿を提唱するものであるから，当事者主義の訴訟構造に親しむ考え方といえよう。（→ 120 頁コラム「調書裁判」）

▶▶▶Ⅰ　序　論

4　訴訟関与者

　刑事手続には様々な人が関与する。①弾劾主義の訴訟構造を基本的に構成するのは裁判所（裁判官），検察官および被告人である。この3者を訴訟主体という。②裁判所には，最高裁判所，高等裁判所，地方裁判所，家庭裁判所および簡易裁判所があり，裁判官にも最高裁判所長官，最高裁判所判事，高等裁判所長官，判事，判事補および簡易裁判所判事の6種類がある。2004年の「裁判員の参加する刑事裁判に関する法律」により裁判員制度が創設され，一定の重大事件について素人である市民が裁判員として職業裁判官と共に事実の認定や刑の量定などに関与することとなった（→69頁以下）。③検察官には，検事総長，次長検事，検事長，検事，副検事の5種類がある。検察官の事務を統括するところが検察庁であるが，裁判所の場合と違って検察庁自体が訴訟行為を行うことはない。④以上のうち検察官と被告人が当事者である。

　この訴訟主体の周辺に多くの手続関与者がいる。例えば，犯罪の被害者や証人となった犯行の目撃者，弁護人，検察事務官や司法警察職員，鑑定人や通訳人，裁判所書記官や廷吏（裁判所事務官），一般市民である検察審査員などであり，刑事手続もこれら多くの人々によって営まれている。

1　司法警察職員

　犯罪の捜査は，**警察官と検察官**によって行われる。警察活動のうち，犯罪の捜査，被疑者の逮捕その他の司法作用に関するものを司法警察活動といい，その活動を行う警察官を司法警察職員（189条1項）という。司法警察職員は，司法警察員と司法巡査からなる（39条3項）。一般司法警察職員のほか，特別の分野に限って捜査権を与えられた海上保安官や麻薬取締官などの特別司法警察職員（190条）がいる。なお，検察事務官にも捜査権が与えられている。

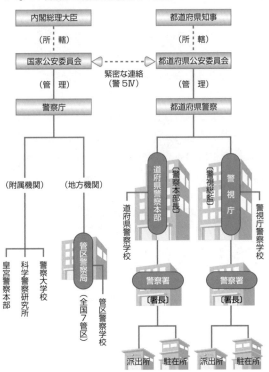

Ⅰ-4-1　警察庁と都道府県警察との関係

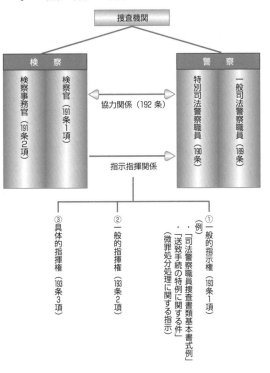

Ⅰ-4-2　検察と警察との関係

2 弁　護　人

弁護人とは，刑事訴訟につき選任されてもっぱら被疑者・被告人のために弁護をなす者をいう。弁護とは，訴訟において被疑者・被告人の正当な利益を擁護することである。弁護人には私選弁護人と国選弁護人がある。

(1) 国選弁護人制度の改革

弁護権の拡充は，2004 年の刑訴法等一部改正法および総合法律支援法の制定により，被疑者段階と被告人段階を通じて一貫した弁護体制の整備がなされ，これに伴って国選弁護人制度も抜本的に改革された。その概要は，①被疑者に対する国選弁護人制度の導入，②被告人に対する国選弁護人の選任要件および選任手続の整備および③国選弁護人の選任の効力，解任および訴訟費用に関する規定等である。

(2) 日本司法支援センター

新たな国選弁護人制度の運用主体として，総合法律支援法は「日本司法支援センター」（愛称「法テラス」。以下「支援センター」という）を設置し，その資本金は政府が出資することとなった（支援 17 条）。支援センターは，①法律情報の提供業務，②民事法律扶助業務，③司法過疎対策業務，④犯罪被害者支援業務および⑤国選弁護関連業務を行う機関であり，東京に本部を置き，全国 50 か所に地方事務所が置かれている（巻末資料参照→135 頁）。

支援センターによる国選弁護人の供給システムは以下のようである。①裁判所もしくは裁判長または裁判官（以下「裁判所等」という）は，国選弁護人を付すべきときは，支援センターに対し，国選弁護人の候補を指名して通知するよう求める（支援 38 条 1 項）。②支援センターは，①の求めがあったときは，遅滞なく，国選弁護人契約弁護士（支援センターとの間で国選弁護人の事務を取り扱う契約をしている弁護士）の中から，国選弁護人の候補を指名し，裁判所等に通知する（同条 2 項）。③支援センターは，国選弁護人契約弁護士が国選弁護人に選任されたときは，その契約の定めるところにより，その者に国選弁護人の事務を取り扱わせる（同条 3 項・30 条 1 項 3 号）。

I-**4**-3　国選弁護人の供給システムと支援センターの役割

① 支援センターによる，国選弁護人になろうとする弁護士との契約

② 裁判所による，支援センターに対する，国選弁護人の指名および通知の要請

③ 支援センターによる，国選弁護人の指名および裁判所への通知

④ 裁判所による，個別事件についての国選弁護人の選任

⑤ 支援センターによる，国選弁護人に対する報酬・費用の支払

(3) 被疑者の弁護人制度

被疑者の弁護人にも，私選弁護人の場合と国選弁護人の場合がある。憲法 34 条は，身体を拘束された被疑者の弁護人依頼権を保障したが，刑訴法はこれを一歩すすめ，被疑者は身体拘束の有無を問わず弁護人選任権を有するとした（30 条 1 項）。しかし，従来は被疑者の国選弁護人制度がなかったこともあって，実際には被疑者の弁護人選任率は低かった。そこで，1990 年から一部の弁護士会により当番弁護士制度が実施されはじめ，1992 年より全国的に実施されるようになった。そこでは，初回接見は無料とされるが，以後の接見を希望する場合は私選弁護となるので，資力のない者はやはり弁護人を選任することは困難であった。そこで，法改正により被疑者の国選弁護人制度が整備されることとなり，2004 年に一定の重大事件につき被疑者国選弁護人制度が創設され，2009 年にはその対象事件の範囲が拡大され，さらに 2016 年には勾留された被疑者の全てにつき国選弁護人の選任が認められることになった（→47 頁）。むろん，私選弁護人の選任，当番弁護士制度あるいは刑事被疑者弁護人援助制度による私選弁護人の選任も可能であるから，これらの諸制度の総合的運用が重要である。

▶▶▶Ⅰ 序　論

Ⅰ-4-4　当番弁護士制度

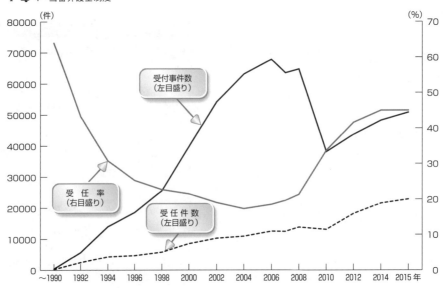

Ⅰ-4-5　当番弁護士制度申込者・申込場所状況・申込者による連絡の時期（単位は件，（　）内は%）

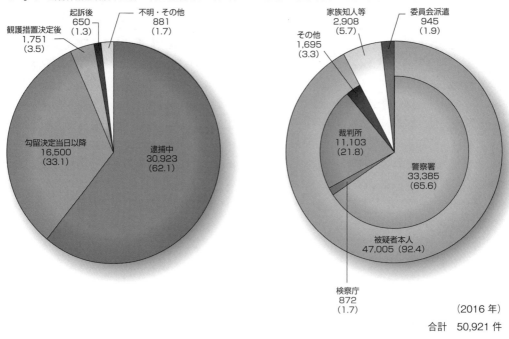

(2016年)

合計　50,921件

| 法律扶助制度 | 法律扶助制度には，民事法律扶助と刑事法律扶助とがある。しかし，刑事事件の被告人には国選弁護人制度があるため，法律扶助協会に対する国庫補助金の使途は民事事件に限られている。そのため，1990年から，弁護士会が弁護士から特別会費を徴収して，資力に乏しい刑事被疑者につき「刑事被疑者弁護援助」制度を発足させた。しかし，その財源にも限度があり，被疑者弁護に関する国庫助成が課題となっている。そもそも，民事については「民事法律扶助法」（平成12年法律55号）が制定されたが，刑事についてはいまだ法律扶助に関する基本法もない点も課題である。なお，財団法人法律扶助協会は，2007年3月で解散し，刑事被疑者弁護事業は日本司法支援センターに委託された。

▶▶▶ 4 訴訟関与者

I-**4**-6 刑事被疑者弁護援助制度件数・実施総額

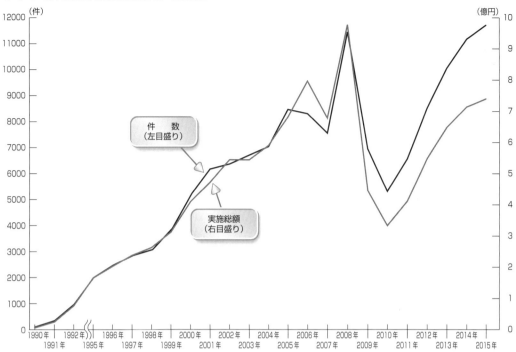

(4) 被告人の弁護人

I-**4**-7 弁護人選任率（単位は人，（ ）内は％）

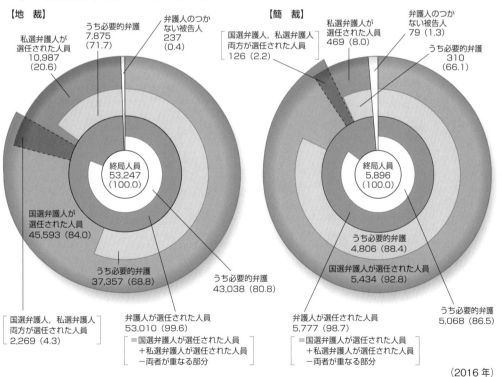

(2016年)

3 犯罪被害者

　従来，犯罪被害者が刑事手続に関係する場面としては，①参考人取調べ（223条）や証人尋問（143条以下），②告訴の申立て（230条），検察審査会への申立て（検審30条以下），付審判の請求（262条），あるいは③犯罪被害給付制度（犯罪被害者等給付金支給法），④事実上の制度としての示談などしかなかったが，1990年代後半から，刑事手続における被害者の地位は大幅に改善された。

(1) **捜査・公訴手続における被害者の地位**
　捜査による被害者の第2次被害を防止するために，犯罪捜査規範（国家公安委員会規則）を改正して，「捜査を行うに当たっては，被害者等の心情を理解し，その人格を尊重しなければならない」などの規定が新設された（同10条の2・10条の3・11条1項）。また，警察の「被害者連絡制度」（1997年より実施）では，被害者が希望すれば，捜査状況や被疑者の処分状況を知らせることとされ，検察の「被害者通知制度」（1999年より実施）でも，公判期日等の通知がなされるようになった。

(2) **公判における被害者の地位**
　1999年の刑事訴訟法改正により，証人保護が強化され，証人尋問や証拠開示の際に証人の住居等を開示しない方策が盛り込まれたが（295条2項・299条の2），2000年5月には，刑事訴訟法改正および「犯罪被害者等の権利利益の保護を図るための刑事手続に付随する措置に関する法律」（平成12年法律75号）により，より抜本的に，①証人尋問について，ビデオリンク方式（→105頁）による証人尋問制度（157条の6），証人尋問の際の証人の遮へい措置（→105頁）の制度（157条の5），および証人尋問の際の証人への付添いの制度（157条の4）が新設され，②公判手続への被害者の関与について，被害者等の傍聴に関する配慮（犯罪被害保護2条），被害者等による公判記録の閲覧および謄写の制度（犯罪被害保護3条1項），および被害者等による心情その他の意見の陳述を可能とする制度（292条の2）が新設され，さらに③被害者の損害回復について，民事上の和解を記載した公判調書に対する執行力の付与制度（犯罪被害保護13条4項）が新設された。

Ⅰ-**4**-8　被害者向けパンフレット

犯罪被害者保護法は，2007年6月の法改正により，さらに被害者の権利利益の保護を進めた。①犯罪被害者等が刑事裁判に参加する被害者参加制度が創設された。これにより，故意の死傷事件等の重大事件の被害者は，被害者参加人として（316条の33），公判期日に出席し（316条の34），検察官に対して意見を述べたり（316条の35），情状事項につき証人尋問をしたり（316条の36），被告人に対して質問をしたり（316条の37）あるいは弁論として意見陳述ができることになった（316条の38）。②被害者の住所・氏名等の被害者を特定する事項を不開示とすることにより，被害者を保護する制度が導入された（290条の2・291条2項・295条3項・299条の3）。③公判記録の閲覧および謄写に関する要件が緩和された（犯罪被害保護3条1項）。

さらに，④被害者が損害賠償請求をするについて刑事手続の成果を利用する損害賠償命令制度が創設された。これにより，被告事件を原因とする不法行為に基づく損害賠償の請求について，その賠償を被告人に命ずることの申立てができることとなった（犯罪被害保護17条）。

なお，2000年の少年法改正でも，被害者の記録閲覧・謄写，意見聴取，結果通知等の諸制度が導入されたが（少5条の2・9条の2・31条の2），その後，2008年6月の法改正により，一定の重大事件の被害者が少年審判を傍聴することができる制度の創設（少22条の4），被害者による記録閲覧および謄写の要件緩和（少5条の2）等がなされている。

(3) 証拠開示における被害者の地位

証拠調べを請求するについては，あらかじめ証拠開示をする必要がある（299条1項）。しかし，被害者が証人となる場合に，その氏名・住

I-**4**-9　被害者向けパンフレット（警察庁）

居を開示することで被害者が特定されることにより，被害者の名誉や社会生活の平穏が害されるおそれがある場合もある。そこで，2007年の法改正では，証拠開示に当たって，弁護人に対して被害者特定事項を被告人等に知られないことを要請する制度（229条の3），さらに，2016年の法改正では，被害者等の身体・財産に対する加害等のおそれがある場合には，被告人に知らせないことを条件とする証拠開示（229条の4第1項）あるいは氏名に代わる呼称・住居に代わる連絡先を知らせる（同2項）という代替的措置を取った証拠開示の制度も導入された。

▶▶▶Ⅰ 序 論

Ⅰ-4-10 犯罪被害者の地位概観

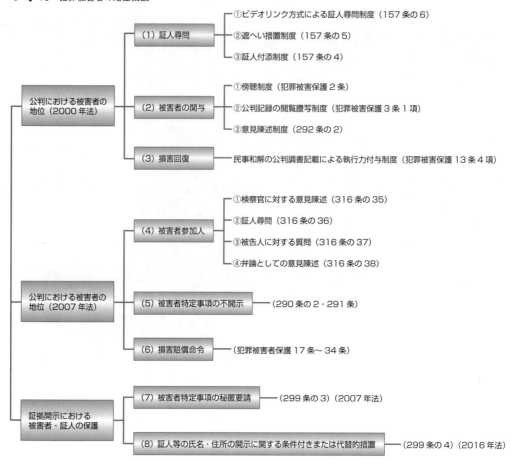

Ⅱ 捜　　査

　捜査とは何かについて，特別の定義規定はない。ただ，刑訴法189条以下の規定（第2編，第1章「捜査」），とりわけ189条2項が「犯人及び証拠を捜査する」としているところから，一般に**捜査**とは，捜査機関が犯人を確保し，証拠を収集・保全する活動をいうと解されている。犯人を見つけだし確保しておくのは，将来の公判に出頭させ刑事裁判を受けさせるためであり，証拠を収集し保全するのも，これを公判で用いて被告人の罪責を明らかにするためである。この意味で，捜査は，公判の準備活動であるといえる。この側面を強調して捜査の意義を相対化し，これに対立する被疑者の防御者としての地位・主体性を重視する立場が弾劾的捜査観であり，被疑者をたんなる捜査の客体としかみない糾問的捜査観と対立する。今日，弾劾的捜査観が通説であり，自白を重視する捜査の実情は糾問的だとして批判されている。

▲水死体発見！

～story①～

　3月のある日，東京湾を航行中の貨物船の船員が海に浮かぶ死体を発見した。検視の結果，推定年齢25歳から30歳の男性で，胸などに複数の傷があり，死後数日を経過していた（検視調書→17頁）。
　死体は司法解剖に付され（鑑定処分許可状→26頁），その結果，胸部に両刃の刃物による刺創が，腕部に切創と片刃の刃物による刺創がそれぞれ認められ，死因は心臓部刺創による失血死と鑑定された（鑑定書）。また，背中の入れ墨と指紋から，被害者は，恐喝，傷害，覚せい剤取締法違反など6つの前科がある暴力団稲口組組員柴原淳（年齢27歳）と判明した。
　そして，着衣のポケット内にあった防水機能付の携帯電話の通信履歴によって，連日午後9時ころから午前2時ころまでの時間帯に稲口組の組事務所と頻繁に通話がなされていることが分かった。そこで，捜査本部は，柴原は，覚せい剤の密売人で，覚せい剤取引をめぐるトラブルに巻き込まれて殺されたのではないかと考えた。
　ちょうどその頃，警視庁は，稲口組による組織的な覚せい剤取引の捜査中だった。そこで，捜査本部は，警視庁と合同で，覚せい剤取引の実態を解明するために，稲口組の組事務所に掛かってくる電話を傍受する令状を得て，電話傍受を行った（電話傍受令状→29頁，電話傍受に関する検証調書）。その結果，本件に結びつく情報は得られなかったが，5件の覚せい剤取引が摘発された。
　さらに，柴原の携帯電話の登録番号を調べると，柴原の中学校時代の同級生で広告代理店勤務の三上弘敏の番号が登録され，週に1回程度の割合で通話記録が残されていた。

　三上について聞き込み捜査をしたところ，同僚から「最近，三上は目が虚ろだったりして，どこか様子がおかしい」との情報が得られ，三上は柴原から覚せい剤を入手していたのではないかと考えられた。そこで，山口和茂巡査部長は，ある日の朝，三上のアパートを訪ね，玄関先で，柴原との関係を聞いた。三上は，柴原と時々会っていたことは認めたが，覚せい剤については何も知らないと答えた。しかし，三上の様子がどこかおかしいので，山口は，三上が何か隠し持っているのではないかと考え，所持品を提示するよう求めた。三上は強く拒んだが，山口は「やましい点がなければ，別にいいではないか」と言って，三上のズボンのポケットに手を突っ込んだところ，固い筒状のものとティッシュペーパーのようなものに触れたため，「これは何だ」と言いながら，取り出すと，注射器とポリエチレンの袋に入った白い粉だった。山口が三上の承諾を得て予試験（簡易検査→27頁）を試みたところ，覚せい剤反応を示したため，問い質すと，三上は「白い粉」が覚せい剤であることを認めた。
　そこで，山口は，三上を覚せい剤所持の現行犯人として逮捕し（逮捕手続書→34頁），「白い粉」と注射器を押収した（差押調書，押収品目録→23頁参照）。さらに，山口は，警察署で，弁解録取ののち（弁解録取書→42頁），三上から尿の任意提出を受け，その尿と先の「白い粉」の鑑定を嘱託した（尿の任意提出書→115頁，領置調書→115頁，鑑定嘱託書，鑑定処分許可状→26頁）。その結果は，「白い粉」は覚せい剤で，尿からも覚せい剤反応が認められた（鑑定書）。

（30頁へ）

▶▶▶Ⅱ 捜　査

1　捜査の端緒

1　捜査機関による捜査の端緒

　捜査が開始されるきっかけを，捜査の端緒という（犯罪捜査規範第2章「捜査の端緒」参照）。捜査は，捜査機関が「犯罪があると思料するとき」開始されるから（189条2項），捜査の端緒とは捜査官がこのような犯罪の嫌疑をいだく契機のことだといってもよい。この捜査の端緒には，捜査機関がみずから犯罪を探知する場合（職務質問，自動車検問，検視等）と，捜査機関以外の者が犯罪を感知して捜査機関に届け出る場合（被害届，告訴・告発，自首等）に区別することができる。

　前者の捜査機関による捜査の端緒の場合，犯罪予防のための行政警察活動と，犯罪捜査たる本質をもつ司法警察活動の限界が問題になる。警察官は，犯罪予防のため警告を発し，行為を制止するなどの措置を行うことができるが（警職5条参照），逮捕，捜索などの強制処分はできない。ただ，職務質問から犯罪が発覚した場合のように捜査に移行する場合には，刑事手続上の保障を及ぼす必要がある。

Ⅱ-1-1　職務質問の状況

Ⅱ-1-2　110番通報による現場急行

Ⅱ-1-3　交通検問

▶▶▶1 捜査の端緒

Ⅱ-**1**-4 刑法犯発生率と検挙率の推移

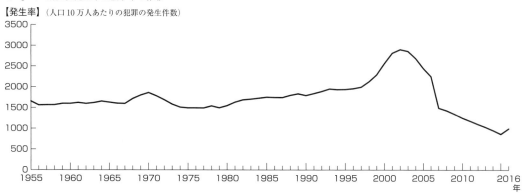

Ⅱ-**1**-5 刑法犯罪種別認知件数の推移

Ⅱ-**1**-6 刑法犯認知件数の罪名別構成比

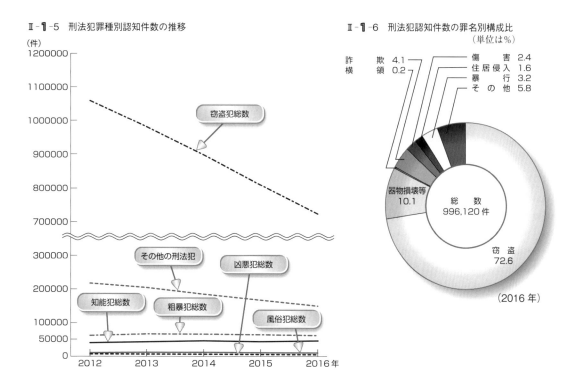

▶▶▶Ⅱ 捜　査

Ⅱ-1-7　刑法犯の主要罪名別認知件数・検挙件数

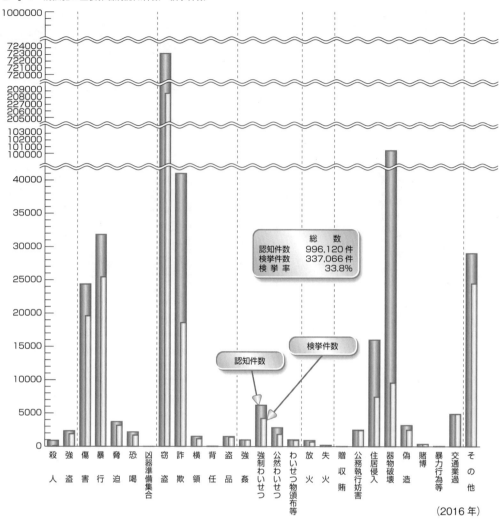

Ⅱ-1-8　外国人入国者数および外国人検挙状況

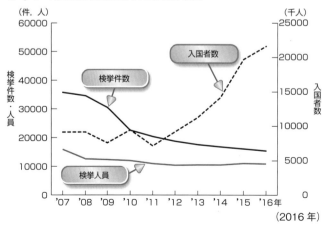

▶▶▶ 1 捜査の端緒

Ⅱ-1-9　来日外国人刑法犯の国籍別検挙状況（単位は人）

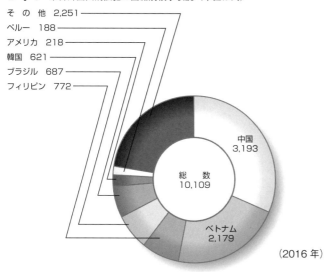

Ⅱ-1-10　検視調書（→13頁）

行政検視・司法検視

　　検視には，行政検視と司法検視がある。司法検視については刑訴法に規定があり，変死者または変死の疑いのある死体の状況を調べ，犯罪の嫌疑の有無を確かめる処分とされている（229条）。行政検視は，犯罪とは関係なく，行政法規（戸籍92条1項，刑事収容施設及び被収容者等の処遇に関する規則93条1項等）により，凍死者，自殺死体等について，公衆衛生，身元確認などの行政目的のために警察官が行う死体の見分のことである。行政検視は，捜査ではないから令状は要らない。行政検視から司法検視に切り替わることもありうる。検視の結果，変死体が犯罪による死亡であることが明らかになれば，捜査が開始される。

17

▶▶▶Ⅱ 捜　　査

2　捜査機関以外の者による捜査の端緒

　捜査機関以外の者による捜査の端緒としては，法に規定のあるものとして，告訴(230条以下)，告発(239条)，自首(245条)などがあり，法に規定のないものとして，被害届，目撃者等からの届出，匿名の投書などがある。統計上，被害届，関係者の届出だけで捜査の端緒全体の8割近くを占める。告訴，告発等のあった事件について恣意的な行使があった場合，故意または重大な過失があれば訴訟費用の負担が命じられる(183条)。

Ⅱ-1-11　被害届（ストーリーと関係なし）

Ⅱ-1-12　告訴状（ストーリーと関係なし）

Ⅱ-1-13　告訴調書（ストーリーと関係なし）

2 任意捜査

捜査機関が捜査を行うには，捜査の目的を達するために必要な「取調」（捜査）ができるが（197条1項本文），「強制の処分」を行うには刑訴法の「特別の定」が必要とされている（同項但書）。言い換えれば，「強制の処分」，すなわち強制捜査を行うには，199条（逮捕）のような特別な規定がなければ行うことができず，その反面として，それ以外の任意捜査にはこのような制約は課せられていない。前者をとくに強制処分法定主義と呼ぶ。この原則は，すでに旧刑訴法254条にほぼ同様の文言で規定されていたが，現行法の強制処分法定主義は，強制処分の根拠をたんに「法定」すればよいのではなく，事前に裁判官の発する令状がなければ強制処分を行えないという原則を採用した。これを令状主義（憲33条・35条）という。任意捜査に関しては，捜査はなるべく任意捜査の方法で行わなければならない，という任意捜査の原則が197条1項本文・但書から導かれる。

強制処分法定主義の下では，任意捜査と強制捜査の区別が重要になる。伝統的には，物理的な有形力を加えるか否かで区別されてきたが，科学技術の発達などにより，そのような区別ではプライバシーなどの権利保護に十分ではないことが自覚され，法益侵害説が登場する（通説）。

この説によれば，例えば高性能の望遠レンズを用いて遠方から室内を撮影するのも，強制捜査ということになる。

GPS発信器を用いた捜査が，強制捜査にあたるかについても争いがあったが，判例は強制捜査と解している（→21頁コラム「GPS捜査と強制処分」）。

Ⅱ-**2**-1　任意捜査と強制捜査

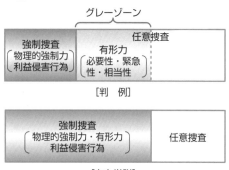

Ⅱ-**2**-2　実況見分調書（→30頁）

Ⅱ-**2**-3　鑑識活動

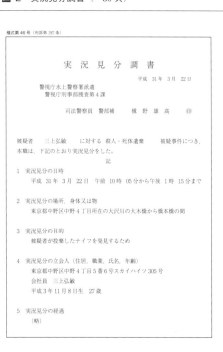

▶▶▶ II 捜査

II-2-4 捜査関係事項照会書

II-2-5 身上調査照会回答書（→76頁）

II-2-6 前科調書

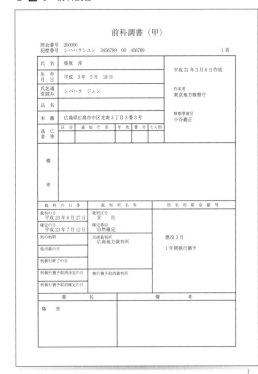

▶▶▶ 2 任意捜査

GPS 捜査と強制処分

GPS 捜査（→31頁コラム「GPS 捜査と立法措置」）が任意捜査か強制捜査かが争われた事件で，最大判平成29・3・15 刑集71巻3号13頁は次のように判示してこれを強制捜査とした。「個人のプライバシーの侵害を可能とする機器をその所持品に秘かに装着することによって，合理的に推認される個人の意思に反してその私的領域に侵入する捜査手法であるGPS 捜査は，個人の意思を制圧して憲法の保障する重要な法的利益を侵害するものとして，刑訴法上，特別の根拠規定がなければ許容されない強制の処分に当たる（最高裁昭和50年（あ）第146号同51年3月16日第三小法廷決定・刑集30巻2号187頁参照）とともに，一般的には，現行犯人逮捕等の令状を要しないものとされている処分と同視すべき事情があると認めるのも困難であるから，令状がなければ行うことのできない処分と解すべきである。」

▶▶▶Ⅱ 捜　査

❸　物的証拠の収集

1　捜索・差押え

　証拠物に対する強制処分の代表的なものとして，**捜索・差押え**がある。刑訴法は，憲法35条の令状主義の要請を受けて，捜索・差押えを行うには，「裁判官の発する令状により」行わなければならないと定めている（218条1項）。プライバシー侵害をはじめ高度の権利侵害を伴う捜索・差押えを行うには，裁判官の事前のチェックを必ず経なければいけない，というのが法の趣旨である。捜査機関の強制処分に対する

司法的コントロールの重要性に鑑みれば，令状発付の憲法上の要件である「正当な理由」，「場所，物の明示，特定」の解釈も，厳格でなければいけない。

　ただ，憲法自身，例外を認めており，憲法「第33条の場合」，すなわち被疑者を逮捕する場合には令状を要しない，とされている。この例外を認める趣旨をどう解するかについては争いがあるが，判例は比較的緩やかに例外を認めている（最大判昭和36・6・7刑集15巻6号915頁）。

Ⅱ-❸-1　捜索差押許可状（ストーリーと関係なし）

捜索差押許可状	
被疑者の氏名及び年齢	東京都中野区中野3丁目8番9号平和荘305号　木田　努 昭和55年12月10日生

被疑者に対する　　　　覚せい剤取締法違反　　　　被疑事件について，下記のとおり捜索及び差押えをすることを許可する。

捜索すべき場所，身体又は物	被疑者の自宅
差し押さえるべき物	覚せい剤及びこれを使用するための器具
有効期間	平成31年4月24日まで

　有効期間経過後は，この令状により捜索又は差押えに着手することができない。この場合には，これを当裁判所に返還しなければならない。
　有効期間内であっても，捜索又は差押えの必要がなくなったときは，直ちにこれを当裁判所に返還しなければならない。

　　平成31年4月17日
　　　　東京簡易裁判所
　　　　　　裁判官　杉本修治㊞

請求者の官公職氏名	司法警察員警部　吉田健司

▶▶▶ 3 物的証拠の収集

Ⅱ-❸-2 捜索差押令状等発付数

	差押・捜索（許可） 状・検証許可状	身体検査令状	鑑定（処分） 許可状
発　　付	241,298	2,243	15,180
却　　下	48	1	6
取下げ	5,620	116	166
総　　数	246,966	2,360	15,352

（2016年）

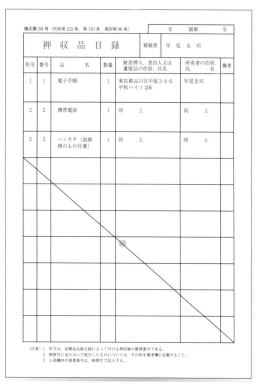

Ⅱ-❸-3 捜索差押調書（ストーリーと関係なし）

Ⅱ-❸-4 押収品目録（→13頁，37頁）
　早見は，三上の供述に基づいて，令状逮捕された。これは，逮捕に伴う，令状によらない捜索差押え（220条1項）に基づく押収品目録である。

23

▶▶▶Ⅱ 捜　査

2　検証・鑑定

　検証とは，場所・人・物について，五官の作用によりその形状等を認識する強制処分であり（218条1項），鑑定とは，特別の知識・経験によってのみ知りうる法則またはその法則を具体的事実に適用して得られた意見・判断をいう（最判昭和28・2・19刑集7巻2号305頁）。検証を人の身体に対して行うには，特別の令状（身体検査令状）が必要となる（218条1項後段・129条・222条1項）。また，検証を任意に行う場合は実況見分といい，令状を要しない。捜査で問題になる鑑定は，捜査機関から嘱託を受けて行う嘱託鑑定で（223条1項），鑑定受託者の宣誓もなく，直接強制も認められていない（225条1項・4項参照）。これは，あくまでも任意捜査であり，令状は不要である。ただ，必要があるときは，裁判官に令状請求し（224条・225条・167条1項・168条1項），鑑定留置，鑑定に伴う処分をすることができる。

(1)　検　証

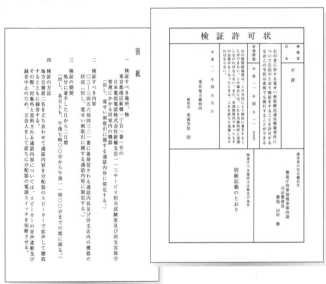

Ⅱ-❸-5　（旧）検証許可状（電話傍受）
（ストーリーと関係なし）

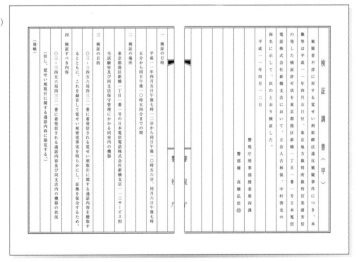

Ⅱ-❸-6　（旧）検証調書
（ストーリーと関係なし）

▶▶▶ 3　物的証拠の収集

Ⅱ-❸-7　身体検査令状（→30頁）

身　体　検　査　令　状

被疑者の氏名及び年齢	早見圭司　　　　　　　平成3年　9月　14日　生　　　　　　　　　　　　　　　　　（27歳）
被疑者に対する　　　　　覚せい剤取締法違反　　　　　被疑事件について，下記の者の身体の検査を許可する。	
検査すべき身体	早見圭司の両上肢および両下肢
身体の検査に関する条件	

　身体の検査を受ける者が正当な理由がなく身体の検査を拒んだときは，10万円以下の過料又は10万円以下の罰金若しくは拘留に処せられ，あるいは罰金と拘留を併科されることがある。

有　効　期　間	平成　31年　4月　5日まで

　有効期間経過後は，この令状により身体の検査をすることができない。この場合には，これを当裁判所に返還しなければならない。
　有効期間内であっても，身体の検査の必要がなくなったときは，直ちにこれを当裁判所に返還しなければならない。

平成　31年　3月　29日
　　東京簡易裁判所
　　　裁判官　横谷祐之助　㊞

請求者の官公職氏名	警視庁刑事部捜査第4課　　司法警察員　警部　宮原　晃

様式第44号（刑訴第218条，第222条）

身　体　検　査　調　書（甲）

平成　31年　3月　30日

警視庁刑事部捜査第4課

　　司法警察員　警部　　　宮　原　　晃　㊞

　被疑者　早見圭司　　　　に対する　覚せい剤取締法違反　被疑事件につき，本職は，平成　31年　3月　29日付け　東京簡易裁判所　　裁判官　横谷祐之助の発した身体検査令状を下記被検査者に示して，下記のとおり身体検査をした。

記

1　身体検査の日時
　　平成　31年　3月　30日午前　10時　00分から午前　10時　25分まで

2　身体検査の場所
　　警視庁赤坂警察署第10取調室

3　身体検査を受けた者（住居，職業，氏名，年齢，性別）
　　東京都品川区中延3丁目4番6号平和ハイツ206号室
　　　　　会社員　早見圭司　（27歳）男

4　身体検査の立会人（住居，職業，氏名，年齢）
　　警視庁赤坂警察署　捜査主任
　　　　　巡査部長　並木信夫（31歳）

5　身体検査を必要とした理由
　　被検査者の上下肢に注射痕があるかどうかを確認するため

6　検査した身体の部位
　　被検査者の両下肢

7　身体検査の経過
　　1　被検査者の着用しているシャツとズボンを脱がせて，両上肢，両下肢を
　　　検査したところ，被検査者の左内腕に数個の注射痕が認められた。
　　2　本検査の経過を明らかにするため，写真4葉を本調書の末尾に添付した。
　　（写真省略）

Ⅱ-❸-8　身体検査調書（→30頁）

25

▶▶▶Ⅱ 捜　査

(2) 鑑　定

Ⅱ-❸-9　鑑定嘱託書（→37頁）

Ⅱ-❸-10　鑑定処分許可状（→13頁）

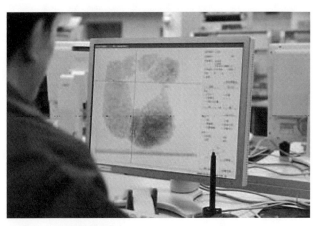

Ⅱ-❸-11　指掌紋自動識別システム

3 科学的捜査

科学的捜査とは，一般に，科学技術の発達によってもたらされた新たな知識・技術・方法などを利用した犯罪捜査をいい，とりわけ近年のハイテク技術の飛躍的進歩によって，多様な科学的捜査が可能となり，かつ実際にも活用されている。このような科学的捜査は，ますます巧妙化する現代型犯罪に適切に対処することを可能にし，また自白中心の伝統型捜査手法から脱却するためにも有効であることが指摘されている。たしかに，外国の事例でも，DNA鑑定が決め手になって釈放された被疑者もおり，この分野の発達が誤判を防止し，適正な裁判の実現に有用であることは間違いない。また，物理的有形力の行使を必要最小限にするという意味で人権保障に資する面のあることも否定できないところである。しかし，他面において，科学的捜査は，ポリグラフ検査，電話傍受，GPS捜査など，物理的強制を伴わずにプライバシー等の人格権を侵害するおそれも大きく，適正・適切な法規制が望まれる。

Ⅱ-❸-12 防犯カメラの解析

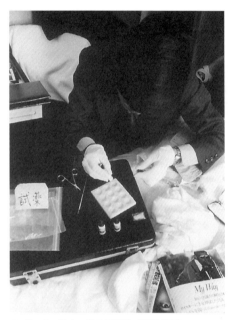

Ⅱ-❸-13 覚せい剤の予試験（簡易検査）（→13頁）

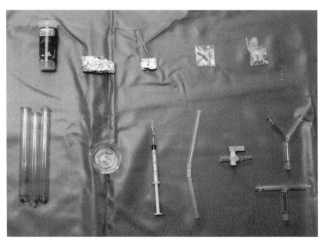

Ⅱ-❸-14 押収された覚せい剤や注射器など

▶▶▶ Ⅱ 捜　査

Ⅱ-❸-15　強制採尿令状（捜索差押許可状）（→37頁）

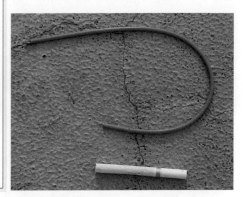

Ⅱ-❸-16　カテーテル

通信傍受（盗聴）

電話による会話を傍受する行為は，私人のプライバシーを害するので，令状がなければ行えない。ただこの場合，令状による事前の司法審査を及ぼすことが困難であることなどから，「通信傍受法」の立法化（1999年成立）には反対も強かった。成立した通信傍受法は，このような立法の経緯を反映して，次の諸点で一般の捜索差押令状よりも要件・形式が厳格なものになっている。①令状請求権者，発付権者の限定（通信傍受4条），②傍受対象犯罪（組織的殺人など4種類）の限定（同法「別表」），③犯罪の「十分な嫌疑」および補充性の要求（同3条1項），④令状への「被疑事実の要旨」の記載（同6条）などがそれである。他方で，限定的ではあるが「将来の犯罪」に対する傍受，「別件傍受」を認めるほか（同14条），傍受すべき通信かどうかを判別するためのスポット傍受を認めた（同13条1項）。

2016年の法改正によって，暗号技術や情報処理技術の活用により一時的保存を命じて行う通信傍受が可能になった結果，立会人なしに傍受ができるようになったほか，傍受手続の合理化・効率化のため通信管理者等が通信を暗号化させて捜査機関に設置された特定電子計算機に伝送させるという簡便な方法をとることが可能になった。その他，一時的保存を命じて行う傍受は，長期間の傍受のための待機を回避するため，通信管理者等に命じて傍受内容を暗号化しておき，その後通信管理者等に復号させ後に再生・聴取することが可能となり（同20条・21条等），また，特定電子計算機を用いる通信傍受も，通信管理者等に命じて傍受内容を暗号化させ，捜査機関の施設等に設置された特定電子計算機に伝送させ，それを受信すると同時に復号して内容を聴取することができるようになるなど大幅に合理化された（同23条等）。

▶▶▶ 3 物的証拠の収集

Ⅱ-❸-17 傍受令状（→13頁）

Ⅱ-❸-18 通信傍受装置（2016年の法改正前の装置）

Ⅱ-❸-19 ポリグラフ検査（→37頁参照）

▶▶▶Ⅱ 捜　査

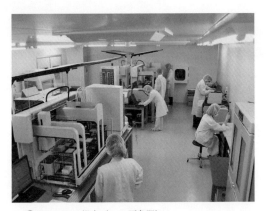

Ⅱ-❸-20　DNA鑑定（→37頁参照）

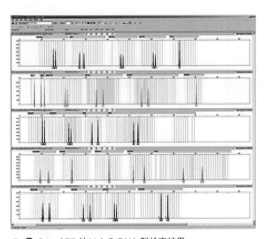

Ⅱ-❸-21　STR法によるDNA型検査結果
アメロゲニン型を含むDNA型の16の部位（ローカス）を同時に検出し，型判定する。

story② （13頁より）

事件は，検察庁に送致され（送致書→53頁参照），谷口義男検事の担当と決まった。三上は，谷口検事に対しても覚せい剤の所持を認めた。そこで，谷口検事は，三上の勾留を請求した（勾留請求書→38頁）。

三上は，勾留裁判官にも覚せい剤の所持を認め（勾留質問調書→39頁），裁判官は，勾留場所を代用刑事施設（いわゆる代用監獄）である水上警察署の留置場と定めて，三上を勾留することにした（勾留状→39頁）。

三上に対する本格的な取調べは，宮原晃警部が行ったが，三上は，覚せい剤を柴原から譲り受け，同棲中の弘前友子と一緒に覚せい剤を使用していたことを認めた。そこで，弘前が覚せい剤使用の嫌疑で逮捕・勾留された。弘前は，私選弁護人として小田豊弁護士を選任し，覚せい剤を使ったことはないと容疑を否認した。谷口検事は，山口による三上の現行犯逮捕には問題があり，弘前からも供述を得ておく必要があると考え，協議・合意制度を利用して，小田弁護士に，弘前が三上と一緒に覚せい剤を使用したことを認めれば，弘前は不起訴にする旨申し出た。小田弁護士は，このことを弘前に伝え，弘前は，検察官の申し出に応じることにし，合意内容書面を作成したうえで，検察官の聴取手続で，三上と一緒に覚せい剤を使用したことを認める供述を行い，谷口検事は，これを検面調書に録取した。

一方，三上は，柴原から覚せい剤を譲り受けた回数と量を聞かれるうちに，3か月前から柴原に「覚せい剤のことを会社にばらす」などと脅され，覚せい剤の代金とは別に数回にわたり合計150万円を恐喝されていたこと，ある日の夜，柴原から晴海埠頭に呼び出されたが，予め用意したナイフを手に「これ以上お前の脅しに屈しない」と言ったところ，柴原が立ち向かってきたので，思わずナイフで柴原の胸を刺してしまったこと，血まみれで動かなくなった柴原を見て怖くなり，死体を海に投げ捨てたことなどを供述した。

そこで，捜査当局は，三上に対する殺人・死体遺棄による逮捕状の発付を得て（逮捕状請求書→32頁参照，逮捕状→32頁参照），三上を殺人・死体遺棄罪で再逮捕し（逮捕手続書），三上は，同罪でも勾留された（勾留状→39頁参照）。殺人事件は，裁判員裁判対象事件であるため，三上が殺人罪で逮捕された時点から三上に対する取調べは，録音録画された。なお，三上の右上腕部に柴原との格闘の際に生じたと思われる傷痕があったので，令状に基づいて身体検査がなされ，傷痕の写真撮影が行われた（身体検査令状→25頁参照，身体検査調書→25頁参照）。

しかし，宮原刑事は，凶器が2種類の刃物であったことから，三上には共犯者がいるのではないかと考え，三上を追及したところ，同じ中学時代の同級生で建設会社勤務の早見圭司も，同様に，柴原から覚せい剤を譲り受け，恐喝の被害にあっていること，本件犯行は早見と一緒に行ったものであり，柴原の胸を刺したのは実は早見であると供述し（三上の員面調書→116頁），現場で，そのときの状況を再現して指示説明した（検証令状，検証調書）。また，凶器の刃物は，三上の供述に従って，片刃のナイフが三上宅の近くの川から発見されたが（実況見分調書→19頁，領置調書→115頁参照），両刃の刃物は発見されなかった。

（37頁へ）

▶▶▶3 物的証拠の収集

GPS捜査と立法措置

最高裁大法廷判決は，GPS捜査について，「立法的な措置が講じられることが望ましい」と判示した（最大判平成29・3・15刑集71巻3号13頁）（→21頁コラム「GPS捜査と強制処分」参照）。では，どのような立法が望ましいか。まず，GPS捜査の性格をどう捉えるべきかが問題になる。本判決は，検証と同様の性質を有するが検証では捉えきれない性質（対象車両の使用者の行動を継続的，網羅的に把握）を有することから，既存の令状の組み合わせでは問題が残るという。そこで立法により，「GPS捜査令状」（仮称）が必要となるが（197条1項但書参照），同捜査が個人の行動のプライバシー侵害を伴うものであるから，令状発付が認められるのは他の捜査方法がない場合に限定する（補充性）とともに，同捜査の性格上令状の事前提示ができないことから，それに代わる「公正の担保の手段」が確保されている必要がある。後者の手段につき本判決は，例示として「実施可能期間の限定，第三者の立会い，事後の通知」などを挙げている。その他，通信傍受法にならって，毎年の国会への報告義務等も規定されるべきであろう。

▶▶▶ II 捜　査

4　被疑者の身体拘束

1　逮　捕

　逮捕とは，人の身体を短時間拘束して自由を奪う強制処分であり（刑220条1項参照），捜査の一方法として，令状主義に服することを条件に，憲法，刑訴法上認められている（憲33条，刑訴199条等）。人を逮捕するには，原則として，裁判官があらかじめ発する逮捕令状に基づく必要がある。これを，通常逮捕という。憲法は，例外として，現行犯人を逮捕する場合には，令状を要しないとしており，これを，現行犯逮捕という。法は，捜査機関による現行犯逮捕だけでなく，私人による現行犯逮捕も認めている（213条）。刑訴法は，このほかに，緊急逮捕という逮捕の類型を認めている（210条）。緊急逮捕は，憲法に規定上の根拠がないことからその合憲性が問題にされたが，最高裁は令状による通常逮捕の一種として合憲性を肯定した（最大判昭和30・12・14刑集9巻13号2760頁）。

　逮捕は，人に対する強制処分であり，抵抗する被疑者に対して有形力を行使することも許される。ただし，捜査比例の原則から，不必要・不相当な有形力の行使は違法となる。逮捕時間は，最大限72時間まで認められているが（205条2項等），逮捕留置まで認める趣旨か否かについては異論もある。いずれにしろ，身体拘束の継続が必要なら勾留請求がなされることになり，その必要がない場合は，直ちに釈放されなければならない。

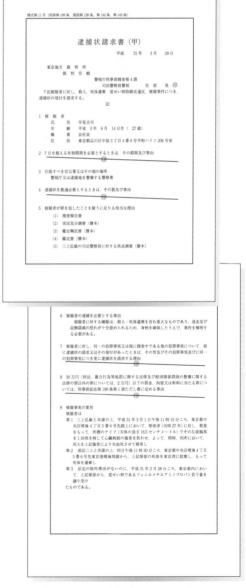

II-4-1　逮捕状（→30頁，37頁）　　II-4-2　逮捕状請求書（→30頁，37頁）

▶▶▶▶ 4 被疑者の身体拘束

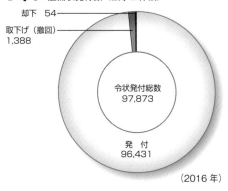

Ⅱ-4-3 逮捕状発付数（数字は件数）
却下 54
取下げ（撤回） 1,388
令状発付総数 97,873
発付 96,431
（2016年）

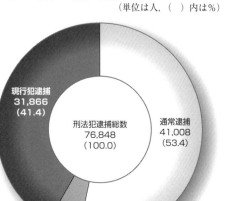

Ⅱ-4-4 警察での逮捕の種類別人員
（単位は人，（ ）内は％）
現行犯逮捕 31,866 (41.4)
刑法犯逮捕総数 76,848 (100.0)
通常逮捕 41,008 (53.4)
緊急逮捕 3,974 (5.2)
（2016年）

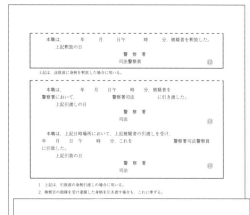

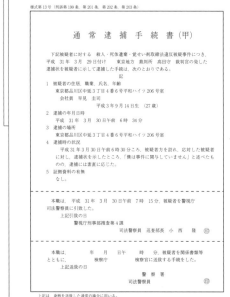

Ⅱ-4-5　通常逮捕手続書（→37頁）
　検察送致に関する記載欄以下は，実際の手続がなされる度に書き込まれていくことになる。なお，「引致」とは，被疑者を一定の場所まで連行したうえ引き渡すこと，「引渡し」とは，被疑者をその場で引き渡すことをいう。

Ⅱ-4-6　緊急逮捕令状（ストーリーと関係なし）
　路上を歩く被疑者の様子がおかしいとの通報に基づいて現場に急行した警察官が職務質問したところ，被疑者の腕に注射痕を認めたため，覚せい剤使用の疑いで，緊急逮捕した事例である。検察官送致に関する記載欄以下は，実際の手続がなされる度に書き込まれていくことになる。

▶▶▶ Ⅱ 捜 査

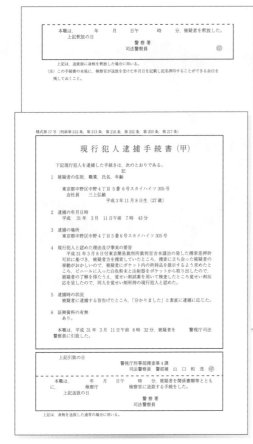

Ⅱ-**4**-7　現行犯人逮捕手続書（甲）（→13頁）
　検察官送致に関する欄以下は，実際の手続がなされる度に書き込まれていくことになる。なお，現行犯人逮捕手続書（甲）は，捜査官が逮捕した場合の書式である。

Ⅱ-**4**-8　現行犯人逮捕手続書（乙）
　　　　　（ストーリーと関係なし）
　現行犯逮捕手続書（乙）は，私人が逮捕した場合の書式である。

Ⅱ-**4**-9　留置場前面

Ⅱ-**4**-10　留置場
　　　　　（座った被留置者の頭だけが見えている）

Ⅱ-**4**-11　就寝中の被留置者
　　　　　（寝具は昼間は収納庫に保管）

34

▶▶▶4 被疑者の身体拘束

Ⅱ-**4**-12　罪名別検察庁既済事件の逮捕・勾留別人員

罪　名	逮　捕　関　係						勾　留　関　係			
	総　数 (A)	警察等で 逮捕・身 柄送致 (B)	検察庁で 逮捕 (C)	警察等で 逮捕後釈 放	逮捕され ない者	身柄率 $\frac{B+C}{A}$(%)	認　容 (D)	却　下 (E)	勾留請求 率 $\frac{D+E}{B+C}$(%)	勾留却下 率 $\frac{E}{D+E}$(%)
総　　数	333,923	118,259	194	7,638	207,832	35	106,979	2,866	93	2.61
刑 法 犯	242,837	86,003	95	6,265	150,474	35	77,978	1,950	93	2.44
殺　人	1,196	538		4	654	45	536	1	100	0.18
強　盗	2,283	1,403	2	6	872	62	1,393	1	99	0.07
傷　害	24,909	13,012	12	982	10,973	52	11,517	363	91	3.01
恐　喝	2,852	2,100		24	728	74	2,045	4	98	0.2
窃　盗	108,222	30,851	25	2,051	75,295	29	28,601	437	94	1.509
強　姦	1,355	768		2	585	57	760	1	99	0.13
その他	78,865	23,536	49	2,996	52,284	30	19,659	1,041	88	5.02
特別法犯	91,086	32,256	99	1,373	57,358	36	29,001	916	92	3.06
銃 刀 法	5,686	1,607	3	307	3,769	28	1,339	42	86	3.04
覚せい剤 　取締法	17,825	12,928	4	30	4,863	73	12,896	8	100	0.06
その他	59,572	12,642	91	977	45,862	21	9,765	2	77	0.02

(注)　1　検察統計年報による（2015 年）。
　　　2　交通関係業過及び道交違反を除く。
　　　3　時効再起事件，既済事由が他の検察庁への送致である事件及び被疑者が法人である事件を除く。
　　　4　「逮捕されない者」には，他の被疑事件で逮捕されている者を含む。

（表）

MIRANDA WARNING

1. You have the right to remain silent.
2. Anything you say can and will be used against you in a court of law.
3. You have the right to talk to a lawyer and have him present with you while you are being questioned.
4. If you cannot afford to hire a lawyer, one will be appointed to represent you before any questioning, if you wish.
5. You can decide at any time to exercise these rights and not answer any questions or make any statements.

Ⅱ-**4**-13　ミランダ・カード

　アメリカの取調べ実務では，被疑者を取り調べるに際して必ず，被疑者の諸権利を列挙したカードを提示することになっている。その諸権利とは，黙秘権，弁護人立会権などであるが，これらは 1966 年の合衆国連邦最高裁判決（ミランダ判決）によって確立された準則であり，準則の書かれたカードをミランダ・カードという。

（裏）

WAIVER

After the warning and in order to secure a waiver, the following questions should be asked and an affirmative reply secured to each question.

1. Do you understand each of these rights I have explained to you?
2. Having these rights in mind, do you wish to talk to us now?

District Attorney of ▮▮▮ County

►►►Ⅱ 捜 査

Ⅱ-4-14 逮捕後の手続と人員（交通事故を除く）（単位は人。（ ）内は％）

逮捕の時 ｜ **警察から検察官への送致の時** ｜ **検察官による勾留請求，公訴提起又は釈放の時** ｜ **検察官による勾留延長請求，公訴提起又は釈放の時** ｜ **検察官による公訴提起又は釈放の時**

（警察）
逮捕 153,270 人
検察官への送致 146,480 人（95%）
釈放 6,790 人（4%）
（検察官）逮捕 520 人

72時間

（検察官）
勾留の請求 136,690 人（93%）
逮捕中公訴提起 2,370 人（2%）
逮捕中家裁送致 1,640 人（1%）
少年鑑別所送致 1,740 人（1%）
釈放 4,550 人（3%）

（裁判官）
勾留許可 136,110 人
却下 570 人

10日間（裁判官の令状による）勾留

（検察官）
勾留延長の請求 74,180 人（54%）
勾留中公訴提起 38,250 人（26%）
勾留中家裁送致 6,670 人（5%）
釈放 17,060 人（13%）

（裁判官）
勾留延長許可 74,110 人
却下 70 人

10日間以内（裁判官の令状による）勾留

（検察官）
勾留中公訴提起 50,500 人（68%）
勾留中家裁送致 4,540 人（6%）
釈放 18,980 人（26%）

勾留被疑者の処分状況

勾留被疑者 135,110 人

起訴（釈放の後に起訴された者含む。） 92,430 人（68%）
不起訴 31,600 人（23%）
中止 60 人（0%）
家裁送致（釈放の後に家裁送致された者を含む。） 12,040 人（8%）

起訴猶予 25,640 人（19%）
嫌疑不十分 3,940 人（3%）
その他 2,020 人（1%）

（注） 1 人数は法務省の2006年の検察統計年報により，交通事故に伴う業務上過失致死傷及び道路交通法等違反事件を除いたもの（10人未満は四捨五入）。及び勾留（延長）請求が却下された
2 検察官により釈放された4万6600人のうち5080人，及び勾留（延長）請求が却下された640人のうち220人は後に起訴されている。

story ③　（30頁より）

　三上は，殺人・死体遺棄事件で再勾留後，国選弁護人の選任を申し出，酒井章弁護士が，被疑者国選弁護人制度によって，国選弁護人に選任された（国選弁護人候補指名通知依頼書，国選弁護人候補指名通知書，国選弁護人選任書→86頁）。
　捜査当局は，三上の供述に基づいて，早見に対する殺人・死体遺棄，覚せい剤取締法違反での逮捕状を得（逮捕状請求書→32頁，逮捕状→32頁），早見のアパートで早見を通常逮捕し（通常逮捕手続書→33頁），同時に逮捕に伴う捜索を行い，何点かの証拠品を押収した（捜索差押調書，押収品目録→23頁）。
　早見の取調べは，倉本健二警部が行ったが，早見は，柴原から覚せい剤を譲り受けて覚せい剤を使用していたこと，しかし，2か月ほど前から柴原から恐喝され，数回にわたって合計50万円を支払ったこと，三上も同じ目にあっていることを知っており，三上とそのことで相談したことがあることは認めた。しかし，柴原殺害については，「柴原を殺害したことは絶対にない。その日の夜は，自分のアパートにいた」と頑強に否認し，覚せい剤の使用についても，「最近はやっていない」と供述した。早見は，尿の任意提出を拒んだので，倉本警部は，強制採尿令状を得て（強制採尿令状→28頁），採尿したところ，覚せい剤反応が認められたので（鑑定嘱託書→26頁），早見を追及すると，逮捕される5日前にアパートの自室で自分で注射して覚せい剤を使用した旨自白した。しかし，柴原殺害は否認し続けた。
　早見は，勾留裁判官の勾留質問で，覚せい剤使用は認めたが，柴原殺害については否認した。しかし，裁判官は，早見には，殺人等についても犯罪の嫌疑が認められ，かつ罪証隠滅および逃亡の虞れがあるとして，勾留決定を下した（勾留状）。早見の留置先は，三上とは別の赤坂警察署の留置場と指定された。
　なお，早見は，逮捕直後に当番弁護士の接見を希望し，接見した二木貴子弁護士が国選弁護人に選任された。二木弁護士は，直ちに勾留に対する準抗告を申し立てたが（準抗告申立書→41頁），東京地裁刑事3部によって準抗告は棄却された（準抗告棄却決定→41頁）。
　二木弁護士は，原則として毎日接見することにし，予め谷口検事に電話連絡して，取調べの予定と調整したうえで，留置先の赤坂署または（谷口検事の取調べ予定があるときは）東京地方検察庁に赴いて接見した。接見の時間は，赤坂署の場合は2時間でも可能だったが，検察庁の場合は警備上

story ④

の理由から20分間が限度だった。
　ところで，早見宅の捜索で，トイレ脇の物入れから血痕様のものが付着したハンカチが発見され，血痕のDNA鑑定（DNA鑑定→30頁）を試みたところ，柴原の血液型・DNA型と一致した。そこで，三上の自白には「秘密の暴露」があり真実であると考えた倉本警部は，早見にDNA鑑定の結果を示しながら，「どんなに否認しても，科学的な証拠がある以上逃れられない」と告げて，厳しく追及した。また，「無実なら，嘘発見器を受けても大丈夫だろう」と早見を説得し，ポリグラフ検査を実施した（ポリグラフ検査→29頁）。
　二木弁護士は，早見に対する勾留が自白追求のために用いられていると考え，勾留の違法を裁判官に訴えるために，勾留理由開示請求（勾留理由開示請求書→40頁）を行い，勾留理由開示公判が開かれた。東京地裁刑事14部の裁判官は，勾留理由開示公判で，被疑事実を告げたあと，証拠の概要を示し，早見には犯罪の嫌疑が認められ，罪証隠滅および逃亡の虞がある旨述べた（勾留理由開示公判調書）。さらに，二木弁護士は，勾留の取消請求を行ったが，これも棄却され，この棄却決定に対し，準抗告したが，これも東京地裁刑事3部によって棄却された（勾留取消請求書→40頁，勾留取消請求棄却決定，準抗告申立書→41頁参照，同棄却決定→41頁参照）。
　その間，早見は，倉本警部から厳しく追及されたが，二木弁護士による弁護活動が実を結ばないことに絶望し，遂に柴原殺害を自白し（員面調書→116頁参照），倉本警部は早見が自白する場面も録音録画した。早見は，谷口検事にも自白し（検面調書→119頁），谷口検事も早見が自白する場面も録音録画した。なお，三上，早見に対する起訴前の勾留は，延長請求がなされ，いずれも延長された（勾留期間延長請求書→41頁，延長決定）。
　ところで，柴原の死亡前の活動につき，稲口組組員鬼島丈治が警察官および検察官の事情聴取に応じていたが，鬼島は，当時癌に侵され死が迫っていたため，谷口検事は，裁判所に公判前の証人尋問の請求を行い，鬼島に対する証人尋問が臨床尋問のかたちで行われた（公判前の証人尋問請求書→44頁，証人尋問調書）。
（54頁へ）

▶血痕つきハンカチにとまどう早見▶

▶▶▶ Ⅱ 捜　査

2 勾　留

　勾留とは，被疑者・被告人に対する未決拘禁のことである。被疑者に関していえば，逮捕に引き続いて身体拘束する必要があると検察官が考えた場合，逮捕期限の切れる前に，裁判官に対して書面で勾留請求を行う（204条以下）。請求を受けた裁判官は，勾留の裁判を行う前に，必ず被疑者を呼び出し，勾留質問を行わなければならない（憲34条参照）。この勾留質問は，ふつう裁判所庁舎内の勾留質問室で行われる。

　勾留は，犯罪の嫌疑があり，逃亡のおそれ，罪証隠滅のおそれがあるときに認められる（60条1項・207条1項）。この点は逮捕と共通するが，拘束場所について，逮捕が「引致すべき官公署」であるのに対し（200条1項）勾留は「勾留すべき刑事施設」（64条1項）であり，拘束期間も10日＋延長10日間であり，長くなっている（208条）。起訴がなされると，勾留は起訴後の勾留に自動的に切り替わる。

事件単位の原則

　逮捕・勾留の及ぶ範囲について，被疑者という「人」に着目するのではなく，令状記載の被疑事実，すなわち個別の「事件」に着目し，事件ごとに逮捕・勾留を行う原則を事件単位の原則という（事件単位説）。人に着目する人単位説では，被疑事実以外の余罪についても，逮捕・勾留の効力が及ぶことになり，甲事実で逮捕して乙事実で勾留することも，甲事実で逮捕・勾留中の被疑者を，もっぱら乙事実について取り調べることも可能になる。しかし，令状主義は，人ではなく，個々の被疑事実ごとに司法的チェックを要請しているとみるべきであるから（200条・64条1項・203条ないし205条・61条），通説・実務は，事件単位の原則を採用する。

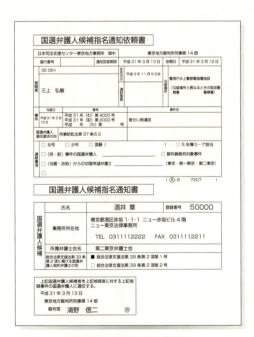

Ⅱ-4-15　国選弁護人候補指名通知依頼書
　当番弁護士として三上に接見した酒井弁護士が「国選弁護人候補指名通知依頼書」を日本司法支援センター（通称・法テラス）に提出すると，法テラスが東京地裁刑事第14部（勾留部）に酒井弁護士を国選弁護人候補者として指名し，これを受けて，東京地裁刑事第14部の裁判官が酒井弁護士を国選弁護人に選任する。つまり，3つの記載は，順次書き加えられる。

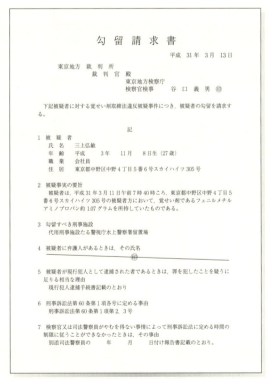

Ⅱ-4-16　勾留請求書（→30頁）

Ⅱ-4-17 勾留質問を受ける，みなさんへ

勾留質問室に隣接する同行室（待合室）の壁に掲示されている。これとは別に，当番弁護士及び国選弁護人に関する説明を含む「弁護人の選任について」という掲示もある。

勾留質問について

一　ここは裁判所です。検察官から，捜査のためあなたの身柄の拘束を続けること（これを勾留と言います。）の請求がありましたので，これから，その請求を認めるかどうかを決める前に裁判官が質問します。

二　まず，裁判官から，あなたの氏名，生年月日，職業，住所などを尋ねられますから，はっきりと答えてください。
　つぎに，裁判官から，あなたが犯したと疑われている被疑事実の要旨を告げてから，あなたに弁解の機会を与えますが，あなたには，質問に対して，答えたくなければ答えなくてもよい権利（これを黙秘権と言います。）があります。

三　勾留が認められますと，その期間は原則として一〇日間です。
　それから，あなたが，勾留されることとなった場合，そのことを知らせてほしい人を一人決めて，その住所，氏名，電話番号を答えられるようにしておいてください。知らせる人は，弁護人がついていれば弁護人，そうでなければ妻，夫，親兄弟などの家族，家族もいなければ雇主，知人などです。

Ⅱ-4-18 勾留質問調書（→30頁）

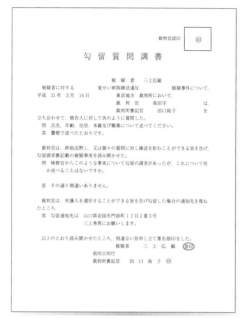

Ⅱ-4-19 勾留状（→30頁）

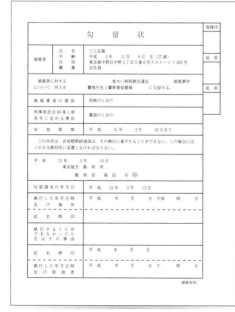

▶▶▶Ⅱ 捜　　査

勾留理由開示請求書

平成 31 年 4 月 10 日

東京地方裁判所刑事 14 部　御中

被疑者　　早　見　圭　司
弁護人　　二　木　貴　子　㊞

　上記被疑者は，殺人，死体遺棄，覚せい剤取締法違反被疑事件について勾留中のところ，その理由の開示を請求する。

以　上

勾留取消請求書

平成 31 年 4 月 12 日

東京地方裁判所刑事部　御中

被疑者　　早　見　圭　司
弁護人　　二　木　貴　子　㊞

　上記被疑者は，殺人，死体遺棄，覚せい剤取締法違反被疑事件について勾留中のところ，下記の理由により勾留を取り消すよう請求する。

記

　被疑者は，殺人，死体遺棄，覚せい剤取締法違反の嫌疑により，平成 31 年 4 月 2 日以来，代用刑事施設である警視庁赤坂警察署留置場に勾留されている者であるが，「自分は何も悪いことはしていないので，これ以上の取調べに対しては黙秘する」旨述べているにもかかわらず，連日，午前 9 時ころから午後 11 時過ぎころまで，昼食時間及び夕食時間を除いて，取調べ警察官から，黙秘の態度を解いて素直に嫌疑を認めるよう，ときおり甘言を交えた慟喝を受け続けている。
　しかしながら，勾留の目的は，被疑者による証拠隠滅を防止し，被疑者の逃亡を防ぐことにあって，被疑者の取調べのためではない。
　そうだとすれば，被疑者に対する本件勾留は，明らかに違法な目的に利用されていることになるから，直ちに取り消されなくてはならない。
　よって，請求に及んだ。

以　上

Ⅱ-**4**-20　勾留理由開示請求書（→37 頁）
　勾留理由開示請求がなされた場合，やむを得ない場合を除き，申立ての翌日から 5 日以内に期日が指定され，被疑者（ときに被告人）を召喚して，公開の法廷で，裁判官が勾留の理由を告げたのち，被疑者または被告人，弁護人は 1 人 10 分以内で意見を述べることができる。検察官の出頭は必要的ではない。

Ⅱ-**4**-21　勾留取消請求書（→37 頁）

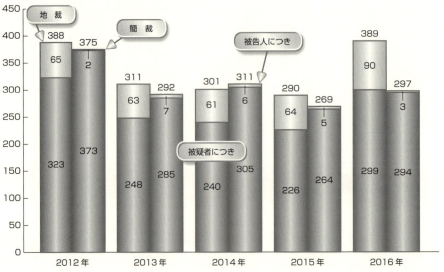

Ⅱ-**4**-22　勾留理由開示の実施数

40

▶▶▶4 被疑者の身体拘束

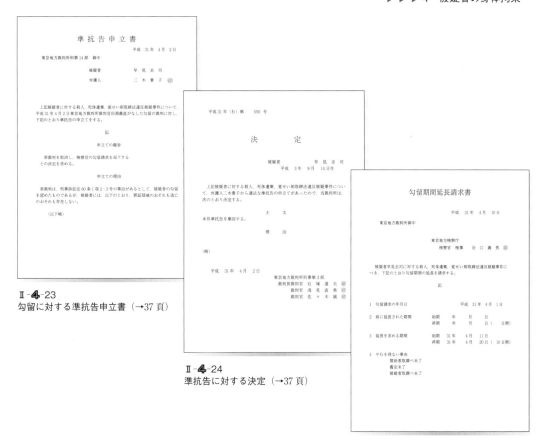

Ⅱ-**4**-23
勾留に対する準抗告申立書（→37頁）

Ⅱ-**4**-24
準抗告に対する決定（→37頁）

Ⅱ-**4**-25 勾留期間延長請求書（→37頁）

別件逮捕・勾留

別件逮捕・勾留とは，本命の事件（本件）について逮捕・勾留の要件が具備していないのに，その取調べに利用する目的で，逮捕・勾留の要件を具備している別事件（別件）でことさら行われる逮捕・勾留をいう。この概念は，法令上のものではなく，形式的には合法的な逮捕・勾留が，実質的にみて濫用と解される場合を指す批判的概念である。どのような場合が別件逮捕・勾留にあたるかについて，別件について逮捕等の理由が具備していない場合だけを問題にする見解（別件基準説）もあるが，通説は，本件について逮捕等の要件が備わっていなければ全体として逮捕・勾留が違法となると解する（本件基準説）（大阪高判昭和59・4・19高刑集37巻1号98頁等）。そのほか，起訴前の身体拘束期間の性質に着目する見解（実体喪失説）が主張されている。これによれば，身体拘束の理由となった被疑事実について捜査が終了すれば，その時点で身体拘束継続の必要性は失われるから，以後の身体拘束は違法となる。より客観的基準で別件逮捕の違法性を論じる見解として注目される。

再逮捕・再勾留

逮捕・勾留は1回のみ許され，再逮捕・再勾留は許されない。これを，逮捕・勾留の1回性の原則という。法の明文はないが，199条以下に，逮捕・勾留の要件，期間等が厳格に法定されているところからみて，法はこれらの強制処分の安易な反復を許していないと解されよう。そうでないと，法定期間などの制限が無意味なものになってしまうからである。ただし，捜査の流動性から，たとえば逮捕後被疑者が逃亡したような場合に，例外的に再逮捕が許される場合がある。法も，再逮捕を予定した規定をもつ（199条3項，規142条1項8号）。再勾留についても，厳格な要件のもとで認める見解もあるが，法の明文がないことからも，慎重であるべきである。

▶▶▶Ⅱ 捜　査

5　供述証拠の収集

　人の供述内容を証拠とする場合，これを供述証拠という。供述証拠を得る方法として，被疑者に対しては取調べ（198条），被疑者以外の者に対しては，取調べと（223条1項），証人尋問がある（226条ないし228条）。被疑者から犯行を認める供述（自白）が得られれば，これは重要な直接証拠になるが，他面において自白を得るための過酷な取調べを招来するおそれもあるので，法は黙秘権，自白法則などの配慮をしている（憲38条，刑訴319条）。被疑者以外の者，たとえば目撃証人から供述を得る取調べも，任意捜査として行われ，特別な場合にのみ，検察官は公判期日前の証人尋問を，裁判官に請求する（226条）。供述証拠は，立証上大変有用であると同時に，その採取過程に人権侵害を伴う危険も小さくないので，捜査においては，まずもって物的証拠の収集を先行させるべきである。

1　被疑者の取調べ

　被疑者の取調べには，在宅の場合と身体拘束中の被疑者の取調べがあるが，しばしば問題になるのは後者である。捜査官からみれば，被疑者の取調べは，被疑者から自白という有力な供述証拠を獲得するための重要な場面であり，とりわけ起訴前の拘束期間は最大23日間と時間的制約があるので，この期間内に自白を採るために無理をしがちである。むろん，被疑者には，身体拘束中であるか否かにかかわらず黙秘権が保障されている。

　しかし，身体拘束中の被疑者に関しては，実務上「取調べ受忍義務」が認められており，被疑者は取調室に出頭の上そこに留まって捜査官の「説得」を受け続ける義務があるとされている。その法文上の根拠として，198条1項但書が「逮捕又は勾留されている場合」には出頭拒否，退去を認めないような書き方をしていることがあげられる。これに対して学説の多数は，弁護人の立会いもない取調室で長時間「説得」

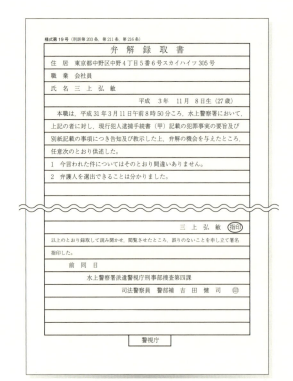

Ⅱ-5-1①　弁解録取書（→13頁）

Ⅱ-5-1②　別紙
　弁解録取書本文に記載された「別紙」である（203条3項・4項，204条2項・3項参照）。2018年6月1日に施行された。

を受けるというのは，憲法の保障する黙秘権と両立しないとして，取調べ受忍義務を否定する。そうすると198条1項の解釈が問題になるが，同条項但書は，出頭拒否，退去を認めることが逮捕・勾留の効力まで否定するものではないことを注意的に明らかにしたものと解すればよいなどと説く。

2 取調べの可視化制度

2016年の改正法（平成28年法律54号）によって，被疑者の取調べの録音・録画（可視化）が法制化された（施行は，2019年6月1日）。

対象事件は，①死刑または無期懲役または禁錮にあたる罪にかかる事件，②短期1年以上の有期懲役または禁錮にあたる罪で，故意の犯罪行為によって被害者を死亡させた事件，③検察官の独自捜査事件である（301条の2第1項1号～3号）。①②は，裁判員裁判の対象事件である。録音・録画される取調べは，これらの事件について逮捕・勾留された被疑者に対する取調べ（198条1項），および弁解録取手続に限り（301条の2第1項本文），起訴後の勾留中の取調べや任意出頭をさせての取調べ（223条1項）は含まれない。

録音・録画は，取調べ（ないし弁解録取）の開始から終了までの全過程について行われなければならない。ただし，①機器の故障その他やむを得ない事情があるとき，②被疑者が記録を拒んだときなど記録すると被疑者が十分な供述ができないとき，③当該事件が指定暴力団の構成員による犯罪にかかるとき，④被疑者の供述状況が明らかにされると被疑者・その親族に害を加えられるなどで十分供述できないときは録音・録画義務はない（301条の2第4項1号～4号）。

3 被疑者以外の者の取調べ

被疑者以外の者，すなわち被害者や目撃者などの参考人の取調べも，重要な任意捜査である。刑訴法223条は，犯罪捜査について必要があるときは，被疑者以外の者の出頭を求め，これを取り調べることができる，と規定している。参考人は被疑者ではないので，取調べに際して供述拒否権を告げる必要はない。参考人を取り調べたときも，被疑者の取調べと同様，供述録取書を作成する（223条2項・198条3項～5項）。

取調べにあたっては，とりわけ性犯罪の被害者については，いわゆる2次的被害を与えないよう女性取調官をあてるなどの配慮が望まれよう。幼児の取調べを行うについては，保護者等を立ち会わせるなど，幼児の心情への配慮をするほか，誘導，暗示にかかりやすい幼児の特性にかんがみて面接技法を工夫するなど特別の慎重さが要請される。将来の公判に備えて，取調べの模様を録音またはビデオ録画する方法も検討されてよい。

4 協議・合意制度

協議・合意制度は，検察官と被疑者・被告人が，弁護人の同意を条件に，共犯者等の他人の事件について供述をするなど刑事事件の解明に協力する行為を行い，検察官がこれを被疑者・被告人に有利に考慮して，その被疑者・被告人の事件について不起訴処分や軽い求刑を行うことを合意する制度である（350条の2）。

この合意には，弁護人の同意が必要であり（350条の3第1項），また，合意があったときは検察官，被疑者または被告人および弁護人が連署した書面により内容を明らかにする必要がある（同条2項）。合意のための協議は，検察官と被疑者または被告人および弁護人との間で行うが，被疑者または被告人および弁護人に異議がないときは，協議の一部を検察官と弁護人の間

Ⅱ-5-2　取調べの録音・録画の試行状況
　　　　（イメージ）
①取調べ警察官　②被疑者　③補助者（機器操作者）
④録音・録画装置　⑤カメラ

▶▶▶Ⅱ 捜 査

で行うことができる（350条の4）。ただし，被疑者と検察官の間で協議を行うことはできない。事件が司法警察員から送致ないし送付された場合，あるいは現に司法警察員が捜査している事件については，あらかじめ司法警察員と協議してから，協議を行うこととされている（350条の6第1項）。協議において，検察官は，被疑者または被告人に対して，他人の刑事事件について供述を求めることができる（350条の5第1項）。供述を求めるにあたっては，供述拒否権の告知が必要である（同条項）。「司法取引」の要素をもつこの制度は，運用によっては巻き込み供述をもたらし，えん罪を生じさせるのではないかという危惧がもたれている。

なお，協議においてした供述は，最終的に合意が成立しなかったときは，証拠として用いることができない（350条の5第2項）。

この制度は，2016年改正法で導入され，2018年6月1日から施行されている。

5 公判前の証人尋問

被告人　三上弘敏
被疑者　早見圭司

証人尋問請求書

平成31年4月26日

東京地方裁判所　刑事第14部　御中

上記被告人に対する殺人・死体遺棄・覚せい剤取締法違反被告事件及び上記被疑者に対する同被疑事件につき，下記証人は，被害者榮原淳の生前の行動について知悉している者であるが，捜査機関の出頭要請を拒んでいるので，刑事訴訟法第226条に基づき，証人尋問の請求をする。

東京地方検察庁
検察官 検事 谷 口 義 男 ㊞

第1　証人の表示
　東京都港区赤坂3丁目4番5号メゾン向陽1406号室
　（但し，現在，東京都港区赤坂1丁目2番3号所在大島病院に入院中である。）
　　　　　　　　　　　　　　　証人 鬼 島 丈 治
　　　　　　　　　　　　　　　（尋問予定時間1時間）

第2　尋問事項
　1　榮原淳の稲口組における地位・役割
　2　榮原淳の覚せい剤取引の有無
　3　榮原淳と三上弘敏，早見圭司との交友関係
　4　榮原淳の平成31年3月1日当日の行動
　5　その他，上記に関連する一切の事項

以上

Ⅱ-**5**-3　証人尋問請求書（→37頁）

取調べの可視化　被疑者の取調べの模様を録音（後に録画も）すべきだという提案は，イギリス法などを参考に1980年代からなされてきた。公判になって被疑者の自白の任意性が争われるケースが少なくないことから，録音・録画することで取調べそのものを「可視化」し，取調べの適正化を図り，任意性をめぐる争いを防ぐというのが可視化導入のねらいであった。その後，2009年の裁判員裁判の施行を前に，検察庁，警察庁が試行的に一部につき取調べの録画を開始し，2016年の改正法によって初めて「可視化」が法制度として実現した（301条の2）（ただし，施行は2016年6月3日の公布日から3年以内の政令で定める日）。

外国での取調べ　外国で，日本の捜査機関が取調べなどの捜査を行うことができるかについて，明文規定はない（195条参照）。刑訴法の適用範囲については，刑法の及ぶ限り刑訴法の効力も広く及ぶと解する説と，本来刑訴法は国内にしか適用されないが外国の承認を得れば捜査権を行使できるとする説（東京地判昭和36・5・13下刑集3巻5＝6号469頁）がある。いずれにしろ，外国の承認を得て取調べを行うことは可能である。ただし，実務上，日本の捜査機関が外国で取調べ等の捜査を行うことはない。理由は，日本は外国の捜査機関が日本で捜査することを認めておらず，相互主義の見地から，外国での捜査活動の承認を求めることを差し控えているからである。

6 通訳・翻訳

Ⅱ-5-4 外国語通訳図書

```
                                              【英語】
  I.  Trial Procedure

  1.  Convening the court

      (J)  This court is hereby opened.

  2.  Questions to defendant for identification

      (J)  Will the defendant please rise.
           State your name.
           State your birthdate.
           State your nationality.
           State your residential address in Japan.
           State your occupation.

  3.  Reading the indictment

      (J)  This trial is now being held regarding the charge against
           you of _____.
           Have you already received a copy of the indictment? Please
           listen as the prosecutor reads the indictment.
           Prosecutor, please read the indictment.

  4.  Right to remain silent

      (J)  The court is now going to hear this case based on the charge
           against you. Please be advised of the following points. You
           have right to remain silent. You may refuse to answer a
           particular question or remain silent throughout the trial. Of
           course, you may choose to answer any question. However,
```

```
                                              【中国語】
  第1  公審手続
    1  宣布开庭
    (裁)   现在开庭。
    2  核实被告人的审问
    (裁)   被告人，起立！
           你姓名叫什么？
           生年月日呢？
           国籍(籍贯)是哪里？
           在日本国内有固定的住处吗？
           职业是什么？
    3  宣读起诉书
    (裁)   现在开始审讯对被告人的___被告事件。
           你收到起诉书了吧。
           先宣读起诉书，被告人听着。
           检察官，请宣读起诉书。
    4  告知缄默权(拒绝回答权)
    (裁)   现在开始就刚才宣读的事实进行审讯，在审讯之前我们提醒
           被告人注意。
           被告人有缄默权。因此，被告人对于不愿意回答的问题可以
           拒绝回答，也可以从头到尾保持缄默。当然愿意回答问题时可
           以回答。
```

Ⅱ-5-5 通常第1審において被告人に通訳人・翻訳人がついた外国人事件の国籍別終局人員

	2011	2012	2013	2014	2015
総数	2,658	2,467	2,272	2,383	2,714
中国	890	766	744	889	885
ベトナム	209	195	225	275	490
フィリピン	337	287	224	220	220
ブラジル	219	236	221	222	220
タイ	85	106	91	100	133
韓国・朝鮮	236	219	157	139	119
ペルー	125	112	86	86	82
アメリカ	68	49	55	76	70
スリランカ	27	26	39	31	34
ナイジェリア	40	30	30	22	34
イラン	66	65	58	40	33
インドネシア	15	13	17	18	25
バングラデシュ	12	25	18	10	21
モンゴル	17	9	6	8	19
ロシア	17	28	13	21	15
その他	295	301	288	276	329

外国人被疑者・被告人の人権

近年の来日外国人の増加に伴い，外国人が被疑者・被告人になる機会も増加した。しかし，現行刑訴法は，外国人被告事件について通訳を付すことを命じているものの（175条），きわめて不十分である（223条1項・177条参照。なお，自由権規約14条3項(f)参照）。そのため，とりわけ捜査・公訴の過程における権利保障の不十分さが指摘される。まず，逮捕状の呈示に際しては翻訳文を添付し，また逮捕後の被疑事実の告知手続においても，通訳人立会いのもとで行うべきである（大阪高判平成3・11・19判時1436号143頁参照）。起訴状謄本を外国人の被告人に送達する場合も，翻訳文を添付すべきであるが，実務上の困難を慮って公判手続全体を通して防御の機会が与えられていれば適正手続の原則に違反しないとする下級審判例がある（東京高判平成2・11・29高刑集43巻3号202頁）。

▶▶▶ Ⅱ 捜　査

❻　被疑者の防御権

　捜査段階における被疑者は，捜査の対象として，身体拘束されたり，取り調べられたりする。その際，執拗な自白の強要などの人権侵害が起きやすいので，被疑者に供述を強制されない権利を与える必要がある。また，被疑者は将来の公判に備えて，証拠の収集，反証の準備などを行う必要もある。そこで法は，被疑者を防御の主体と認め，防御権を付与した。具体的には，まず，供述を強要されない消極的権利として黙秘権が付与され（憲法38条1項，刑訴198条2項），さらに主体ないし当事者としての防御活動を保障するために弁護人依頼権（憲法34条・37条3項，刑訴30条）が認められている。被疑者の防御権としては，これらの権利のほか，弁護人との接見交通権（39条），勾留理由開示請求権（憲法34条後段，刑訴207条1項・82条），証拠保全請求権（179条1項），準抗告権（429条・430条）がある。これらの諸権利は，防御権と総称されるが，そのねらいとするところは，自白強要などの人権侵害の防止，適正手続の実現，そして証拠収集などの公判準備である。このような起訴前弁護の重要性にかんがみ，弁護士会は，1992年より当番弁護士制度を全国で実施してきたがなお十分ではなく，かねてより被疑者に対する公的弁護の必要が叫ばれてきた。2001年に出された司法制度改革審議会意見書にもとづき，2004年の刑事訴訟法改正により，被疑者国選弁護人制度が実現した。

Ⅱ-❻-1　国選弁護人選任請求書・資力申告書（→54頁）

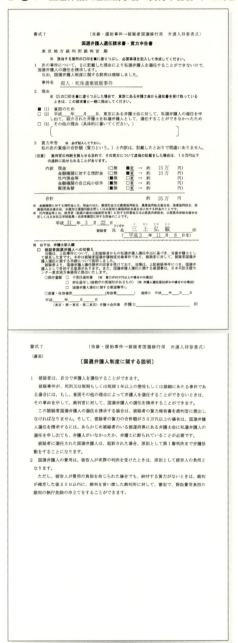

Ⅱ-❻-2　接見室（弁護人と面会中の被留置者〔模擬〕）

1 被疑者国選弁護人制度

(1) 請求による被疑者国選弁護人制度

請求による国選弁護人の選任は，被疑者に対して勾留状が発せられている場合において，被疑者が貧困その他の事由により弁護人を選任することができないときは，裁判官は，その請求により，被疑者のための弁護人を付さなければならない（37条の2第1項。ただし，施行は2016年6月3日の改正法公布から2年以内の政令で定める日）。

① 対象事件　被疑者国選弁護人制度が実現した2004年当時は，対象事件は法定刑の重い罪名の事件に限られていたが，その後法改正によって対象事件は拡大され，2016年の改正によって，すべての勾留請求事件にまで拡大した（37条の2第1項）。

② 選任時期　被疑者が国選弁護人の請求ができるのは，勾留状の発付以後である。もっとも，勾留を請求された段階でも請求ができる（37条の2第2項）。この場合は，勾留裁判官が，勾留状の発付と同時に，要件が整えば，国選弁護人の選任命令を発することもできる。

③ 選任請求の要件　国選弁護人の請求をするには，「資力申告書」を提出しなければならない（37条の3第1項）。その資力が基準額以上である被疑者は，あらかじめ弁護士会に私選弁護人の選任の申出をしなければならない（同条2項。政令により，現金・預金等の合計額が50万円以上の者とされている）。いわば私選弁護人先行主義である。資力申告書とは，「その者に属する現金，預金その他政令で定めるこれらに準ずる資産の合計額……及びその内訳を申告する書面」（36条の2）をいう。私選弁護人の選任の申出を受けた弁護士会は，速やかに弁護人となろうとする者を紹介するか（31条の2第2項），該当する弁護人がいないときは，速やかにその旨を通知しなければならない（同条3項・37条の3第3項）。

④ 選任請求に関する教示義務　検察官および司法警察員は，被疑者に対して，逮捕の際に，以上の国選弁護人選任請求に関する諸事項（国選弁護人選任請求権，資力要件，私選弁護人前置主義等）を教示しなければならない（203条3項・4項，204条2項・3項）。

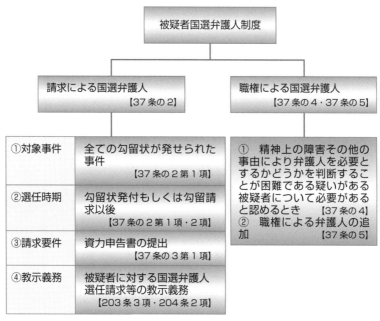

Ⅱ-6-3　被疑者国選弁護人制度

▶▶▶II 捜　　査

(2) 職権による国選弁護人の選任

　裁判官は，被疑者の国選弁護人対象事件について，「精神上の障害その他の事由により弁護人を必要とするかどうかを判断することが困難である疑いがある被疑者について必要があると認めるとき」は，職権で弁護人を付することができる。ただし，被疑者が釈放された場合はこの限りでない（37条の4）。なお，裁判官は，被疑者国選対象事件のうち，とくに死刑または無期の懲役もしくは禁錮に当たる事件については，職権で，更に弁護人1人を追加して選任することができる（37条の5）。

(3) 被疑者に対する国選弁護人選任の効力

　被疑者に対する国選弁護人の選任は，被疑者が釈放されたときは，その効力を失う（38条の2本文）。少年の被疑事件が家庭裁判所に送致された場合も選任の効力は失われる（少42条2項）。もっとも，少年が少年鑑別所に送致された場合（少17条1項2号）は，国選弁護人の選任を請求することができる（少45条7号）。なお，公訴が提起された場合，被疑者に対する国選弁護人の選任は，第1審でも効力を有する（32条1項）。

2　接見交通権

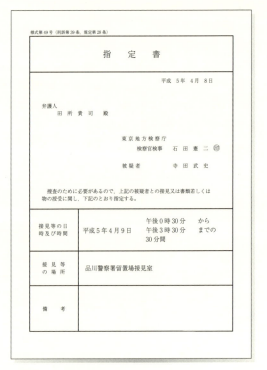

II-❻-4　接見等の指定に関する通知書（→50頁）
　　　（ストーリーと関係なし）

II-❻-5　接見指定書（→50頁）
　　　（ストーリーと関係なし）

身体を拘束された被疑者・被告人が，弁護人（または弁護人となろうとする者）と，立会人なしに自由に面会したり物や書類を授受することのできる権利のことを接見交通権という（39条）。この権利は，捜査段階における被疑者の防御権の中でも，憲法34条に由来する重要な権利のひとつであり，弁護人からすれば，その固有権の最も重要なもののひとつであるといえる（最判昭和53・7・10民集32巻5号820頁）。

ただし，検察官は，捜査の必要があるときは接見の指定をすることができ（39条3項），この点で接見交通権は制約を受ける。どのような場合に「捜査の必要」が認められるかについて，判例は，現に取調べ中など捜査の中断による支障が顕著な場合をいうと解しているが，他方で，防御の準備のために重要な初回接見について接見指定するのは39条3項（防御の利益）に反して許されないとしており（最判平成12・6・13民集54巻5号1635頁），防御権の保障との調和を図っている。

接見時に弁護人が写真撮影，録音・録画ができるかという問題がある。39条の「接見」にこれらの行為が含まれると解すればもちろん，

解されないとしても，秘密接見の原則からは，接見室での弁護人の録音等は最大限保障されなければならない。しかし実務は，法務省通達（平成19年〔2007年〕「被収容者の外部交通に関する訓令の運用について（依命通達）」）を理由に，①録音機，映像再生機またはパソコンについては事前申し出を要求し，②カメラ，ビデオカメラ，携帯電話については使用を禁止している。下級審判例にも，弁護人が勾留中の被告人との接見中，被告人をデジタルカメラで写真撮影したところ，拘置所職員から写真撮影・録画を禁止され，被告人との接見を終了させられたとの案件について原告（弁護人）の損害賠償請求を棄却したものがある（東京高判平成27・7・9判時2280号16頁。最決平成28・6・15LEX/DB25543533で上告棄却）。棄却の理由は，刑訴法39条の「接見」には，被告人が弁護人等により写真撮影やビデオ撮影されたり，弁護人が面会時の様子や結果を音声や画像等に記録化することは本来的には含まれないというものである。秘密交通の性格，重要性にかんがみて，このような利益衡量ないし総合評価の方法が適切なのか，疑問がもたれる。

接 見 等 禁 止 請 求 書

平成 31 年 4 月 19日

東京地方裁判所
　　裁判官　田淵義直殿

東京地方検察庁
　　検察官　検事　谷口義男　㊞

　被告人　早見圭司（赤坂警察署留置場収容）に対する殺人，死体遺棄，覚せい剤取締法違反被告事件につき，罪証を隠滅すると疑うに足りる相当の理由があるから，被告人と刑事訴訟法第39条第1項に規定する者以外の者との交通につき，下記事項に関する裁判をされたい。

記

1　接見の禁止。

2　書類又は物（食糧，寝具及び衣類を除く）の授受の禁止。

Ⅱ-❻-6　接見等禁止請求書（→54頁）

接 見 等 禁 止 決 定

赤坂警察署留置場　収容

被告人　　早見圭司

　被告人に対する殺人，死体遺棄，覚せい剤取締法違反被告事件について，被告人が罪証を隠滅すると疑うに足りる相当の理由があると認められるので，検察官の請求により，被告人と刑事訴訟法第39条第1項に規定する者以外の者との間で，接見すること及び文書（新聞，雑誌及び書籍を含む。）を授受することをいずれも禁止する。

平成 31 年 4 月 19日

東京地方裁判所

　　裁判官　　田淵義直　㊞

Ⅱ-❻-7　接見等禁止決定（→54頁）

▶▶▶Ⅱ 捜　査

接見指定と弁護人の接見

　かつては，被疑者と弁護人以外の者との接見が禁止される事件（81条）では，検察官があらかじめ被疑者が勾留されている警察署長宛に「接見等の指定に関する通知書」（→48頁）を発し，弁護人は，検察官に電話して接見に関する指定を受け，かつ，検察庁に赴いて，接見に関する「指定書」（→48頁。俗に「面会切符」といわれた）を受領し，これを警察署に持参しなければ，被疑者と接見できなかった。39条が保障する弁護人の被疑者との立会人なしの自由な接見の原則と例外を逆転させるものと批判され，弁護人が検察官による指定の違法を争って準抗告を申し立て，さらには損害賠償請求訴訟が提起されることさえあった。

　しかし，現在では，弁護人があらかじめ検察官に電話で接見の予定を通知すると，検察官は，関係先との調整のうえ，警察署に電話かファクシミリで接見の日時を通知し，弁護人は，書面を持参することもなく，希望どおり接見できるようになった。連日の接見，1回につき2時間の接見も不可能ではなくなった。

起訴後の接見禁止

　弁護人以外の者との接見（面会）等を禁止する接見禁止には，起訴前（捜査段階）と起訴後（公判段階）のものがある。起訴前は，捜査機関による証拠の収集が行われているから，接見禁止の必要性は認められても，起訴後は，捜査が終了し，接見禁止の必要性は乏しいはずである。そこで，起訴後の接見禁止は例外的と言わなくてはならないが，否認事件だけでなく，自白事件でも公訴提起後争いが予想される事件では，検察官が起訴後の接見禁止を申し立て，裁判官がこれを認める例が増える傾向にある。しかし，起訴後の接見でも，弁護人以外の者との接見には立会人が付くのであって，安易な起訴後の接見禁止には問題が多い。起訴後の接見禁止がなされると，被告人は，弁護人以外の者（例えば，家族や友人）との接見や手紙の授受ができないことになる。このような場合，被告人は，個別に接見等の禁止の解除を求め，裁判官（第1回公判期日後は裁判所）の許可を得なくてはならないことになる。

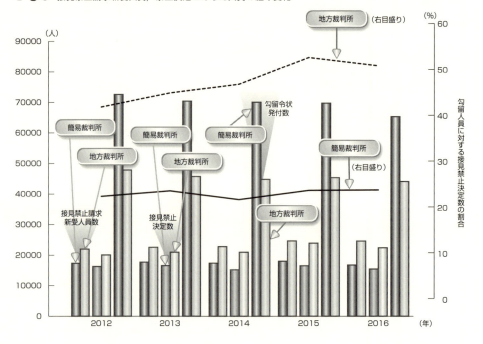

Ⅱ-❻-8　接見禁止請求新受人員，禁止決定のあった人員の経年変化

▶ ▶ ▶ 6　被疑者の防御権

不服申立請求権　当事者が，たとえば違法な差押えを受けたときは，裁判所に対して当該差押えの処分の取消しまたは変更を請求できる（429条1項2号）。これを準抗告といい，違法な捜索・押収のほか，起訴前の勾留，検察官の接見指定に対しても認められているが（430条1項・2項），逮捕，検証に対しては準抗告ができない。処分を受けた者の不服申立請求権としては，ほかに，留置の必要がない押収物の返還を請求する還付請求権，一時的に返還してもらう仮還付請求権がある（123条）。

▶▶▶Ⅱ 捜　査

7　捜査の終結

　司法警察員は，捜査をした後，書類および証拠物とともに事件を検察官のもとに送致しなければならない（246条）。検察官は，公訴維持の観点から必要に応じて補充捜査を行い，公訴提起するか否かを決定する（248条参照）。検察官認知・直受事件の場合も同様に，捜査を遂げた後公訴提起に関する決定をする。この起訴・不起訴の決定により，捜査は目的を遂げ，ひとまず終結することになる。なお，少年事件については特則がある（少41条）。

1　微罪処分

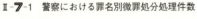

　「検察官が指定した事件」については，事件を検察官に送致せずに，警察限りで訓戒をして終結させることが認められている（246条但書）。これを微罪処分という。検察官の指定は，検事総長の決めた枠内で，各地検の検事正が一般的指示（193条1項）として管轄区域内の司法警察職員に示して行う。具体的には，被害額僅少かつ犯罪軽微な窃盗事件であるなどの所定の基準をみたす軽微な事件について，被疑者に対して被害の回復をするようにさとし，厳重に訓戒を加えるなどの方法で行われる（犯罪捜査規範200条参照）。微罪処分をした事件については，微罪処分事件報告書の，「処理年月日」「被疑者氏名」「年齢」「職業」「住居」「罪名」「犯罪事実の要旨」「備考」の各欄に記載したうえ，1か月ごとに検察官に報告しなければならない（→1頁コラム「ダイバージョン」参照）。

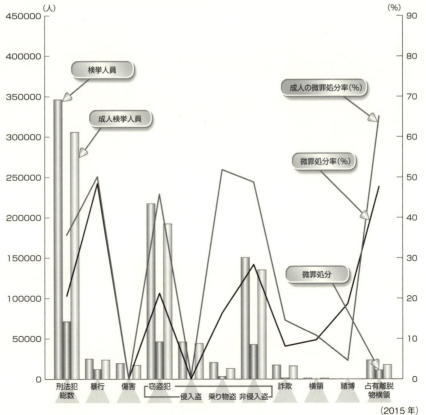

Ⅱ-7-1　警察における罪名別微罪処分処理件数

2 検察官送致

Ⅱ-**7**-2　送致書（→30頁）

検察捜査（補充捜査）の終結
検察官は，「必要と認めるとき」にのみ，自ら犯罪捜査を行う第2次的捜査機関にすぎない（189条2項・191条1項参照）。しかし，2次的ではあるが，捜査は検察捜査をもって終結するのが一般である。その理由は，①起訴・不起訴の決定が検察官に独占されており（247条・248条），検察官はその判断のために捜査（補充捜査）を行う必要が生じるだけでなく，さらに，②検察官面前調書が証拠法上優遇されており（321条1項2号・3号参照），そのため警察官調書とは別に検面調書を作成する実務上の必要性が高いからである。このように，検察官は，送致を受けた事件（246条），あるいは自らの直受または認知事件（191条）について終局的な事件処理を行う。

起訴後の捜査（被告人の取調べ）
捜査は，公判準備のために行われるものであり，公訴提起により，通常はその目的を達して終了する。ただ，起訴後の捜査を禁じる法の明文がとくにあるわけではなく，任意捜査についてはこれを認めるのが一般である（197条参照）。しかし，被告人の取調べについては，198条が「被疑者」に限っていること，公判中心主義からいっても，公判外で捜査官が被告人を取り調べるのは望ましいことではない。判例にはこれを認めるものもあるが（最決昭和36・11・21刑集15巻10号1764頁），被告人からの申し出，弁護人立会権の保障など任意性が確保されないかぎり，被告人の取調べは許されないと解すべきである（東京地決昭和50・1・29刑月7巻1号63頁）。

Ⅲ 公　訴

1　検察官の事件処理

　検察官は，必要な捜査を遂げたあと，事件をどのように取り扱うのかを決定する。これを検察官の事件処理という。事件処理には，①中間処分と②終局処分がある。①中間処分として，ⓐ被疑者や重要参考人の所在が不明でそれ以上捜査を進めることができない場合になされる中止処分とⓑ他の検察庁に事件を送るのが相当である場合になされる移送処分があるが，重要なのはむろん②終局処分で，ⓒ公訴を提起する起訴処分とⓓ公訴を提起しない不起訴処分に分かれる。しかし，終局処分の変更が許されないわけではなく，その後の事情に基づいて，起訴された事件について公訴の取消し（257条）が，その逆に，一旦不起訴処分とされた事件について公訴の提起がなされることもある（再起という）。なお，被疑者が勾留された場合，起訴前の勾留の期限（満期）までに終局処分が決定されるのが通常であるが，処分保留のまま釈放され，その後，終局処分（多くの場合，起訴猶予，嫌疑不十分などを理由とする不起訴処分）が下されることも稀ではない。

1　起訴便宜主義

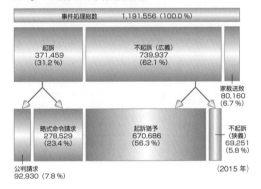

Ⅲ-1-1　検察官の事件処理件数

✿ story ⑤ ✿　（37頁より）

　谷口検事は，三上を覚せい剤取締法違反（覚せい剤使用・所持）で起訴し，ついで，殺人罪・死体遺棄罪で追起訴した。
　さらに，谷口検事は，早見を殺人罪・死体遺棄罪，覚せい剤取締法違反（覚せい剤使用）で起訴した（起訴状→65頁）。そして，早見については，罪証隠滅のおそれがあるとして，起訴後の接見禁止を求める申立てを行い，裁判官は，これを認めた（接見等禁止請求書→49頁，接見等禁止決定→49頁）。
　三上の事件は，東京地裁刑事7部に，早見の事件は，東京地裁刑事3部に係属した。いずれも合議部である。
　ところで，二木弁護士は早見の起訴後，裁判所によって国選弁護人に選任された（国選弁護人選任命令）（国選弁護人選任請求書・資力申告書→46頁，国選弁護人選任書→86頁参照）。
　なお，電話傍受によって摘発・起訴された事件のうちには，東都大学学生金子愼および稲口組組員田端二郎に対する各覚せい剤取締法違反被告事件があった（金子については覚せい剤使用，田端については覚せい剤営利目的譲渡）。
　金子の事件は，即決裁判として起訴され（起訴状〔即決裁判〕→79頁，同意書→79頁），東京地裁刑事6部の単独部（宮地美世子裁判官）に，田端の事件は，公判請求され，東京地裁刑事2部の単独部（宮本陽一郎裁判官）に，それぞれ係属した。
　金子の裁判は，起訴から2週間後の第1回公判期日に，即決裁判手続によって即日懲役1年6月執行猶予3年の判決が言い渡され（判決書），そのまま確定した。
　田端の裁判は，起訴から1か月後の第1回公判期日の冒頭手続で田端が公訴事実について有罪であることを認めたので，簡易公判手続によって証拠調べが終了し，論告・求刑（懲役5年），弁論を経て，結審し，2週間後の第2回公判期日に，懲役3年の実刑判決が言い渡された（判決書）。これに対し，田端は控訴せず，判決は確定した。

（75頁へ）

▶▶▶1　検察官の事件処理

Ⅲ-1-2　罪名別起訴・起訴猶予率

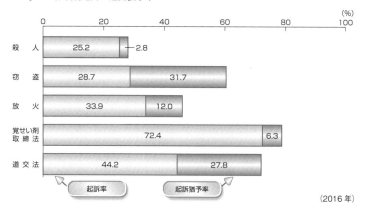

(2016年)

公訴の原則

公訴を行うのは，国家機関としての検察官だけである（247条）。これを国家訴追主義，起訴独占主義という。わが国では，イギリス，ドイツ，フランスのような私人による刑事訴追（私人訴追）の制度は認められていない。なお，準起訴手続（付審判手続）は，裁判所の決定によるから，起訴独占主義の例外であるが（起訴独占とは，検察官による独占の意味である），国家訴追主義の例外ではない。ただし，2004年の検察審査会法の改正により起訴議決制度が創設され，国家訴追主義には重要な修正が加えられた（→56頁コラム「検察審査会」）。

検察官は，証拠が揃っていて犯罪の嫌疑が認められるときでも，「犯人の性格，年齢及び境遇，犯罪の軽重及び情状並びに犯罪後の情況により訴追を必要としないときは，公訴を提起しないことができる」（248条）。これを起訴猶予処分といい，検察官にこのような裁量権を認める方式を起訴便宜主義という。ドイツなどでは，検察官にそのような裁量権を認めない起訴法定主義がとられている。起訴法定主義は，政策的な考慮を排除し公訴権の平等・公平な運用に優れているが，起訴便宜主義は，柔軟な公訴権の運用によって刑事政策的効果をあげ訴訟経済をはかることができるといわれている。

2　不起訴処分の審査

Ⅲ-1-3　不起訴処分における理由別人員（（　）内は％）

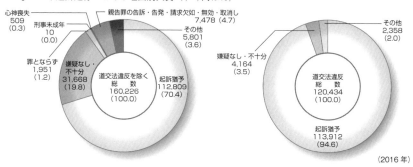

(2016年)

不起訴処分の重大性

起訴処分は，刑罰を求めるものであるから，あくまでも慎重になされなくてはならない。しかし，犯罪には被害者がいる。被疑者を犯人と確信できない場合はともかく，被疑者が犯人であるのに，被害者の訴えを無視して，不起訴とすることは，刑事司法が被害者の声に耳を閉ざすことになる。つまり，不起訴処分も，起訴処分と並んで，重大な処分なのである。刑事司法は，被疑者・被告人の人権とともに，被害者の人権も念頭におく必要がある。

そして，検察官の不起訴処分を審査する制度として，①検察審査会，②準起訴手続がある。

▶▶▶Ⅲ 公　訴

(1) 検察審査会

Ⅲ-1-4　検察審査会

Ⅲ-1-5　検察審査会の事件の処理状況（単位は件数）

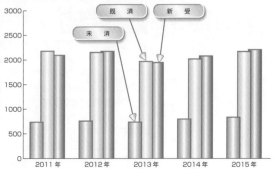

Ⅲ-1-6　起訴相当・不起訴不当事件の検察官の事後措置

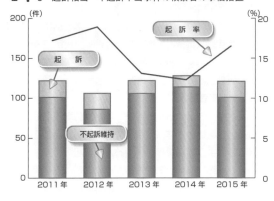

Ⅲ-1-7　検察審査会の議決後起訴された人員の第1審裁判結果（件数）

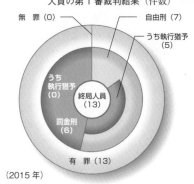

検察審査会　国民の中から無作為に選出された11人の検察審査員（任期6か月）が，利害関係人（告訴人，告発人など）の申立てにより，または職権で，不起訴処分の当否を審査する。起訴相当または不起訴不当の議決があった場合，検事正は，事件処理を再考しなければならない。

　従前は議決に拘束力はなく，検察官は，再び不起訴とすることもできたが，2004年に検察審査会法が改正され，起訴相当（「不起訴不相当」ではない）の議決に対し，検察官が再度不起訴とした場合（または一定の期間内に起訴しない場合）は，検察審査会は再審査し，起訴をすべき旨の議決（起訴議決）をしたときは，この起訴議決に公訴提起の効力を認め，指定弁護士が公訴を提起し，公判の維持にあたることになった（「起訴議決制度の創設」検察審査会41条の2〜41条の12）。検察官に再考の機会を与えるとともに，検察審査会が再審査して起訴議決をしたときは，議決に拘束力を認めるもので，国家訴追主義を修正するものである。

Ⅲ-1-8　検察審査会により起訴議決がなされた例

起訴議決	起　訴	事件名	第1審	控訴審	上告審	登載文献
平成22・1・27	平成22・4・20（在宅起訴）	明石花火大会歩道橋事故（業務上過失致死被告事件）	神戸地判平成25・2・20（免訴・控訴）	大阪高判平成26・4・23（控訴棄却・上告）	最決平成28・7・12（上告棄却・免訴確定）	（上告審）刑集70・6・411
平成22・3・26	平成22・4・23（在宅起訴）	JR福知山線脱線事故（業務上過失致死被告事件）	神戸地判平成25・9・27（無罪・控訴）	大阪高判平成27・3・27（控訴棄却・上告）	最決平成29・6・12（上告棄却・無罪確定）	（第1審）判時2292・128（控訴審）判時2292・112（上告審）刑集71・5・315
平成22・7・1	平成22・7・20（在宅起訴）	沖縄県南城市未公開株詐欺事件（詐欺被告事件）	那覇地判平成24・3・14（一部免訴一部無罪・控訴）	福岡高那覇支判平成25・6・18（控訴棄却）	最決平成26・3・17（上告棄却・無罪確定）	（上告審）LEX/DB 25503839
平成22・10・4	平成23・1・31（在宅起訴）	陸山会事件（政治資金規正法違反被告事件）	東京地判平成24・4・26（無罪・控訴）	東京高判平成24・11・12（控訴棄却・無罪確定）		（控訴審）LEX/DB 25500352

▶▶▶ 1 検察官の事件処理

平成 23・7・21（中国人被告人は帰国）	平成 24・3・15（在宅起訴）	尖閣諸島中国漁船衝突事件（公務執行妨害被告事件）	那覇地判平成 24・5・17（公訴棄却）那覇地決平成 24・6・7（指定弁護士取消決定）			
平成 23・12・16	平成 24・3・27（在宅起訴）	徳島県石井町女性ホステス暴行事件（暴行被告事件）	徳島地判平成 25・2・8（有罪・弁護側控訴）	高松高判平成 26・2・12（控訴棄却・上告）	最決平成 27・4・27（上告棄却・有罪確定）	（控訴審）LEX/DB 25503125（上告審）LEX/DB 25540574
平成 24・10・23	平成 24・12・12（在宅起訴）	鹿児島ゴルフ指導者準強姦事件（準強姦被告事件）	鹿児島地判平成 26・3・27（無罪・控訴）	福岡高宮崎支判平成26・12・11（控訴棄却）	最決平成 28・1・14（上告棄却・無罪確定）	（控訴審）LEX/DB 25505426（上告審）LEX/DB 25542427
平成 25・3・7	平成 25・5・21（在宅起訴）	長野県松本市小学生柔道過失傷害事件（過失傷害被告事件）	長野地判平成 26・4・30（有罪・確定）			（第 1 審）LEX/DB 25503851
平成 27・7・17	平成 28・2・29（在宅起訴）	福島第一原子力発電所事故（業務上過失致死傷等被告事件）				

（2） 準 起 訴 手 続

Ⅲ-1-9　付審判決定のあった事件の裁判結果等（全裁判所）

裁判所	付審判決定年月日	事件名	被告人の身分	結果			登載文献
				第一審	控訴審	上告審	
札幌地	昭 26.6.29	特別公務員暴行致傷	警部補	昭 30.6.4 禁錮10月2年猶予	昭 31.1.31 破棄自判免訴	昭 33.5.27 上告棄却（確定）	刑集 12・8・1665
福井地	昭 27.11.14	特別公務員暴行陵虐致傷	巡査部長	昭 28.2.25 禁錮5月2年猶予	昭 28.9.19 控訴棄却	昭 31.2.10 上告棄却（確定）	刑集 10・2・159
名古屋地	昭 30.4.20	特別公務員暴行陵虐	警部補	昭 34.1.22 無罪	昭 34.8.17 控訴棄却（確定）		下刑集 1・1・82（第 1 審）
盛岡地	昭 31.8.27	特別公務員暴行	巡査部長	昭 32.10.8 禁錮8月2年猶予	昭 34.1.13 控訴棄却	昭 37.3.13 上告棄却（確定）	判時 130・12（第一審），集刑 141・427
浦和地	昭 31.10.18	特別公務員暴行	巡査	昭 32.8.24 禁錮10月2年猶予	昭 33.10.3 破棄自判 禁錮3月1年猶予	昭 36.12.26 上告棄却（確定）	刑集 15・12・2058
東京地八王子支	昭 38.5.27	特別公務員暴行陵虐	看守長	昭 41.2.17 無罪	昭 41.11.24 控訴棄却（確定）		下刑集 5・5-6・630（付審判決定）
仙台地	昭 43.6.17	特別公務員暴行陵虐致傷	巡査部長	昭 45.5.14 禁錮6月2年猶予	昭 47.5.12 破棄自判罰金1万円	昭 49.4.1 上告棄却（確定）	判時 593・16，刑月 2・5・574（第一審），刑月 4・5・923（控訴審），刑集 28・3・17
水戸地	昭 50.4.28	特別公務員暴行陵虐致傷	巡査部長	昭 59.3.30 懲役3月1年猶予	昭 60.6.12 破棄自判無罪	昭 61.9.19 上告棄却（確定）	判時 1172・143（控訴審），裁判集 243・807
大阪地	昭 50.6.30	特別公務員暴行陵虐致傷	巡査部長	昭 54.6.4 懲役4月2年猶予	昭 56.3.3 控訴棄却	昭 57.9.22 上告棄却（確定）	判タ 399・154，刑月 11・6・539（第一審），集刑 228・445
東京地	昭 52.7.25 東京高裁で決定	公務員職権濫用	判事補	（昭 53.4.28 無罪）昭 58.2.28 懲役10月2年猶予	昭 54.12.26 破棄差戻し 昭 58.12.15 控訴棄却	昭 57.1.28 上告棄却 昭 62.12.21 上告棄却（確定）	判時 856・19（付審判決定），刑月 10・4-5・953（第一審），高刑集 32・3・298（控訴審），刑集 36・1・1，刑月 15・1-2・188（差戻後第一審），判時 1100・41（差戻後控訴審），裁判集 247・1357
福島地郡山支	昭 55.12.19 昭 56.1.13 福島地裁から回付	特別公務員暴行陵虐致死	巡査	昭 58.5.20 懲役2年2年猶予	昭 60.3.26 破棄自判無罪	平元.3.28 上告棄却（確定）	
広島地	昭 56.12.16	特別公務員暴行陵虐致死	巡査部長	昭 62.6.12 無罪	平 6.10.31 破棄自判 懲役3年3年猶予	平 11.2.17 上告棄却（確定）	判タ 655・252（第一審），判時 1545・116（控訴審）
大阪地	昭 59.4.24	特別公務員暴行陵虐致傷	警部補 巡査部長	昭 61.5.1 無罪	平元.3.3 控訴棄却	平 2.11.28 上告棄却（確定）	
水戸地下妻支	昭 63.4.26 水戸地裁で決定	特別公務員暴行	巡査部長	平 5.4.21 無罪	平 5.12.21 控訴棄却	平 7.1.30 上告棄却（確定）	
大阪地	平 2.6.4	特別公務員暴行陵虐致傷	巡査	平 5.4.27 懲役8月3年猶予	平 6.8.31 控訴棄却	平 7.7.17 上告棄却（確定）	判タ 842・210（第一審），判タ 864・274（控訴審）
福岡地	平 3.3.12	特別公務員暴行陵虐致死	巡査部長	平 5.4.7 無罪	平 7.3.23 控訴棄却	平 9.12.8 上告棄却（確定）	判時 1372・154（付審判請求棄却決定），判時 1386・156（付審判決定）
金沢地	平 6.10.18	特別公務員暴行陵虐致死	巡査	平 11.3.24 懲役2年6月	平 12.5.18 破棄自判 懲役3年5年猶予	平 12.6.1 上告（審理中）	判時 1677・154，判タ 1037・294（第一審）
山口地	平 20.3.28	特別公務員暴行陵虐	刑務官	平 20.10.17 無罪（確定）			
佐賀地	平 21.3.2	特別公務員暴行陵虐	警察官	平 23.3.29 無罪	平 24.1.10 控訴棄却	平 24.9.18 上告棄却（確定）	
宇都宮地	平 21.4.27	特別公務員暴行陵虐致死	巡査	平 23.2.10 無罪	平 23.12.27 控訴棄却	平 25.4.22 上告棄却（確定）	
奈良地	平 22.4.14	特別公務員暴行陵虐致死傷	巡査部長 巡査長	平 24.2.28 無罪	平 25.2.1 控訴棄却	平 26.12.2 上告棄却（確定）	

▶▶▶Ⅲ 公　訴

Ⅲ-**1**-10　付審判請求事件の処理状況

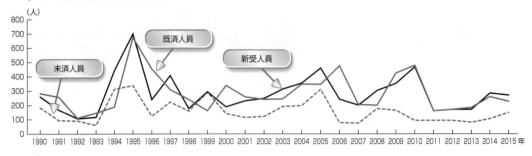

2 公訴権・訴訟条件

　公訴を提起・維持する検察官の権限を公訴権という。被告人はこれに対し防御権を持つ。当事者主義のもとでは，検察官の公訴権と被告人の防御権という当事者の攻撃・防御によって手続が進められ，裁判所はこれに対し判定を下す審判者の立場に徹すべきものとされる。

　公訴権をめぐる議論を公訴権論というが，公訴権とは裁判所に有罪か無罪かの実体判決を請求する権利であると考える説（実体判決請求権説）が現在の通説である。そして，①犯罪の嫌疑は公訴の要件か，②公訴権が濫用されたことを理由に手続を打ち切ることができるか，が論じられてきた。徹底した弾劾的訴追観に立つと，嫌疑なき起訴も有効ということになるが，犯罪の嫌疑を公訴の要件とすることが直ちに糺問的捜査観につながるわけではない。公訴の提起が検察官による重大な処分であることを考えると，犯罪の嫌疑の存在は公訴権の要件と考えるべきであろう。そして，不当な公訴提起がなされた場合，現行法は規定を設けていないが，公訴権の濫用にあたる場合は手続が打ち切られることもあり得るというべきで，判例もこれを肯定した（チッソ事件）。

1 公　訴　権

公訴権と訴訟条件　訴訟手続を有効に成立・継続させるための条件を訴訟条件という。そこで公訴権の存否は，訴訟条件の存否に等しく，公訴権の概念は必要だとしても，公訴権論は，訴訟条件論に解消され不要であると説かれたことがある（団藤）。

　しかし，当事者主義のもとでは検察官の訴訟追行行為の条件論として公訴権論を論ずる意義があり，とくに犯罪の嫌疑が公訴の要件と考えると，公訴権論は，訴訟条件論と重なる部分は多いが，独自の面もあることになる。公訴権の行使に訴訟条件が具備されなくてはならないのは当然であるが，それ以上に慎重な配慮が必要なのである。

公訴権の濫用（チッソ事件）

熊本県水俣湾周辺の漁民を中心に，視力障害，手足のしびれ，言語障害などの脳機能障害を起こし，ついには全脳機能が冒されて死亡する奇病が発生し，水俣病と呼ばれた。やがてそれはチッソ株式会社の工場排水による有機水銀中毒（すなわち公害）ではないかと考えられた。そこで，患者の1人である被告人は，被害補償の交渉を求めてチッソ東京本社に出向いたが，会社側はこれに応じようとせず，警備にあたっていた従業員4名が被告人から咬傷，打撲傷，挫傷などの傷害を負わされた。東京地裁は，傷害罪で罰金5万円・執行猶予1年としたが，東京高裁は，本件公訴は不公平で正義に反するとして，1審判決を破棄し，公訴を棄却した。

検察官の上告を受けた最高裁は，検察官の裁量権の逸脱が公訴の提起を無効とする場合があるとして，公訴権濫用論を認めたが，それは例えば公訴の提起自体が職務犯罪を構成するような極限的な場合に限られるとした（最決昭和55・12・17刑集34巻7号672頁）。そして，本件の場合，犯行は軽微とはいえず公訴提起は不当ではないが，しかし，高裁判決を破棄しなければ著しく正義に反するとまでは考えられないとして，検察官の上告は棄却した。大岡裁きのようなこの最高裁決定によって，公訴権濫用論そのものは肯定されたものの，同時に，認められる場合が極めて限定されることが示され，以後，弁護側から公訴権濫用論が主張されることはほとんどなくなった。

2 訴訟条件

(1) 訴訟条件の意義・種類

公訴提起の条件を訴訟条件という。訴訟条件が欠けている場合，裁判所は，実体審理ができず，管轄違い（判決），公訴棄却（判決または決定）または免訴（判決）の形式裁判で手続を打ち切ることになる。訴訟条件は，例えば，つぎのように分類される。

Ⅲ-2-1　訴訟条件の分類

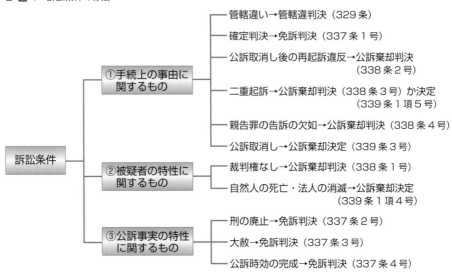

▶▶▶Ⅲ 公　訴

交通反則通告制度　　道路交通法違反事件は，反則切符（青切符）によって反則行為の告知と反則金の通告がなされ，反則金が納付されれば，公訴提起されることはない（反則事件・告知事件）。これを交通反則通告制度という。事件の多量性と軽微性を理由に，刑事政策的配慮と訴訟経済的考慮から非刑罰的処理が制度化されたもので，ダイバージョン（→1頁）の一種である。ただし，悪質な交通違反は，交通切符（赤切符）による非反則事件として送致され（送致事件），公訴が提起されるが，（公判が開かれない）略式手続によって，罰金刑を科されることが多い（→67頁参照）。

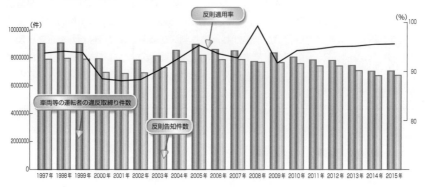

Ⅲ-2-2　交通反則通告制度の運用状況

(注) 1　警察庁資料による。
　　 2　違反取締り総件数及び反則告知件数は暦年，反則金納付率は年度別の数値である。

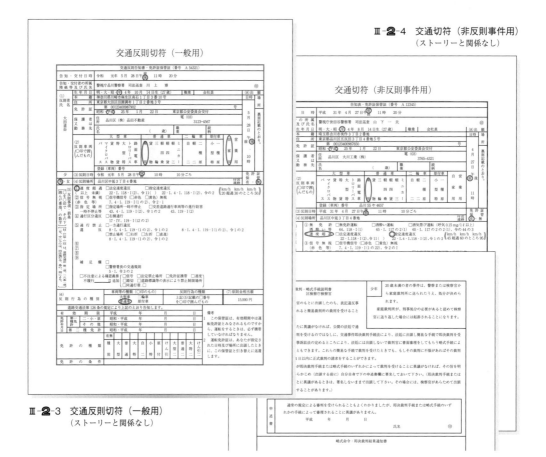

Ⅲ-2-3　交通反則切符（一般用）
　　　　（ストーリーと関係なし）

Ⅲ-2-4　交通切符（非反則事件用）
　　　　（ストーリーと関係なし）

60

(2) 少年審判

わが国では20歳未満の者が少年であるが，少年事件については，成人とは異なる特別な手続が定められている。なお，刑事処分可能年齢は，2000年の少年法改正で，16歳から14歳に引き下げられ，刑事責任年齢（刑41条）と一致した。つまり，16歳未満の少年も懲役・禁錮に処せられ得ることになった。

少年事件はすべて家庭裁判所に送致される（少41条・42条）。これを**全件送致主義**という。事件の送致を受けた家庭裁判所は，事件を調査し，審判不開始（少19条1項），審判開始（少21条），児童相談所等送致（少18条），または検察官送致（少20条）を決定する。検察官送致（いわゆる逆送）は例外的で，保護処分を優先すべきものとされている（保護処分優先主義）。

審判が開始されると，少年審判が開かれる。少年審判に出席するのは，裁判官，少年，保護者，付添人，書記官，調査官で（少年審判規28条），検察官が関与するのは例外的である（少22条の2）。少年審判は，職権主義が支配し，裁判官は捜査記録や調査記録を精査して審判に臨む。伝聞法則の適用はない。少年審判の結果，不処分（少23条2項），保護処分（少年院送致，児童自立支援施設等送致，保護観察）（少24条1項），または児童相談所等送致（少18条）が決定される。

2007年の少年法改正で14歳未満の触法少年について警察に調査権限が認められ（少6条の2），少年院送致下限年齢が「14歳以上」から「おおむね12歳以上」に改められた（少年院2条2号・5号）。

また，2008年の少年法改正で，「生命に重大な危険を生じさせた」事件について，裁判所は，被害者等から申出があり，相当と認めるときは，審判の傍聴を許すことができることになった（少22条の4）。

検察官に逆送された事件は原則として起訴され（少45条5号＝起訴強制主義〔起訴便宜主義の例外〕），成人の事件と同様に，公開の法廷で審理される。

Ⅲ-**2**-5　少年審判
①裁判官　②裁判所書記官　③家庭裁判所調査官　④裁判所事務官
⑤少年　⑥保護者　⑦付添人
2008年の少年法改正により，少年審判への被害者等の傍聴が認められる場合があり，その場合は被害者等も写真左後方に新たに設けられる椅子に座ることになる。

▶ ▶ ▶Ⅲ　公　　訴

　ところで，2000年の少年法改正による厳罰化の一環として，少年が16歳以上で，故意の犯罪行為により被害者を死亡させた事件は，原則として逆送すべきものとされた（少20条2項）。原則逆送事件と呼ぶ。「故意の犯罪行為により被害者を死亡させた」事件は，裁判員裁判対象事件であるから，原則逆送事件はすべて裁判員裁判事件ということになる。しかし，裁判員裁判は少年事件を念頭において構想されたものではない。少年の刑事裁判でも少年法の理念が貫かれなくてはならないが（少40条），それをどのようにして実現するのかも裁判員裁判の重要な課題なのである。

Ⅲ-**2**-6　少年審判手続の流れ

少年事件手続概略図

- 犯罪少年（14歳～19歳）
- 虞犯少年　18歳以上／14歳以上18歳未満
- 触法少年・虞犯少年（14歳未満）

- 一般人等　（送致・触法のみ）／（通告）
- 警察官　（通告）
- 児童相談所長等
- 児童福祉法の措置
- 児童福祉措置優先
- 司法警察員　（送致）
- 調査官　（報告）
- 検察官　（送致）
- （強制措置許可申請）

- 家庭裁判所
- 調査
- 観護措置　調査官の観護　少年鑑別所送致
- （否認の場合）
- 審判
- 試験観察
- （再送致）
- （強制措置許可）

- 検察官送致決定（逆送）
- 児童相談所長等送致決定
- 審判不開始決定
- 不処分決定
- 保護処分決定　保護観察　児童自立支援施設又は児童養護施設送致　少年院送致
- （保護処分を相当とする移送）

- 検察官　（公訴提起）［逆送後の刑事事件］
- 地方（簡易）裁判所　判決（控訴）
- 高等裁判所　決定（再抗告）／判決（上告）　（抗告）
- 最高裁判所
- （確定）保護処分取消事件

※司法警察員及び検察官による送致には「簡易送致」を含む。

▶▶▶2 公訴権・訴訟条件

Ⅲ-2-7 刑法犯の少年・成人別検挙人員および少年比の推移

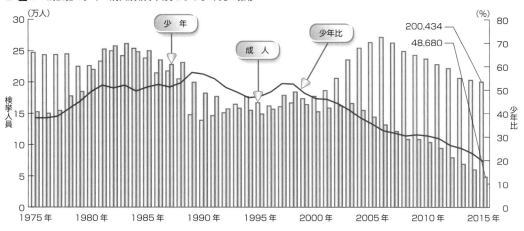

Ⅲ-2-8 少年の起訴人員（地・簡裁総数）

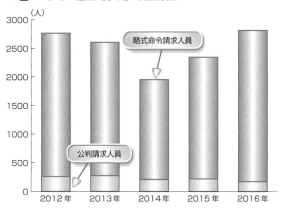

Ⅲ-2-9 時効廃止を伝える新聞報道
（読売新聞2010年4月27日付夕刊）

(3) 公 訴 時 効

犯罪行為について公訴を提起することができる期間の定めを公訴時効という。犯罪行為（結果を含む〔判例〕）が終わったときから進行する。共犯者に公訴が提起されると、他の共犯者についても時効が停止し、裁判が確定したのち再び進行する。犯人が国外にいるときも同様である。時効期間は、2010年に死刑に当たる罪（殺人、強盗殺人など）の公訴時効が廃止され、公訴時効が完成することはなくなった。それ以外は、人を死亡させた罪とそれ以外に分けられ、法定刑の重さにより、それぞれ3段階（30年〔強姦致死など〕、20年〔傷害致死、危険運転致死など〕、10年〔自動車運転過失致死など〕）と7段階（25年〔現住建造物等放火など〕、15年〔強盗強制性交等など〕、10年〔強盗、傷害など〕、7年〔窃盗、詐欺、恐喝、業務上横領など〕、5年〔受託収賄など〕、3年〔名誉毀損、暴行、脅迫など〕、1年〔侮辱など〕）に分かれている。経過措置として、施行時公訴時効が完成している場合は適用しないが、完成していない場合は適用すると定められた。遡及処罰禁止の原則に抵触するのではないかという議論があったが、遡及処罰禁止の原則は、手続法には当てはまらないとされた。判決が確定したのち、刑の執行ができる期間の定めである「刑の時効」（刑31条以下）と区別される。

63

▶▶▶Ⅲ 公　訴

❸　公訴の提起

1　公判請求

(1)　起訴状の提出

　公訴の提起には，公判廷での裁判を求める公判請求と書面審理による略式命令を求める略式請求がある。起訴事件のおよそ90％が略式請求で，道路交通法違反がその大半を占めるが（喧嘩などの傷害事件も略式命令で終わることが多い），略式命令は，罰金または科料を科すものであるから，その罪名は限定される。

　犯罪事実の全部を起訴するのか，その一部を起訴するのかは，検察官に裁量権がある。判例も一部起訴を認めている。もっとも，一部起訴にも限界がある。例えば，交通事故の被害者が事故から約11時間後に死亡した場合に，事故と死亡との因果関係に関する立証の難易等諸般の事情を考慮して，これを過失運転傷害事件として起訴することも検察官の合理的裁量に含まれうるとしても，被害者が即死またはこれに近い状態で死亡したような場合にまで致傷罪による起訴を認めることはもはや合理的裁量とはいえないからである。

　公訴の提起は，検察官が起訴状を裁判所に提出して行う（256条1項）。起訴状のみが提出されるのであって，職権主義のもとでのように，起訴状とともに，証拠である捜査記録（一件記録と呼ばれる）が裁判所に提出されることはない。これを起訴状一本主義という。

　起訴状には，①被告人を特定する事項，②公訴事実，③罪名を記載しなければならない（256条2項）。

　そして，公訴事実は，できる限り日時，場所および方法により事実を特定し，訴因を明示しなければならないものとされている（同3項）。そこから，公訴事実と訴因の関係，訴因の特定とは何か，という問題が論じられることになる。なお，裁判所に予断を抱かせるおそれのある事柄の記載（余事記載）は禁止される（256条6項）。

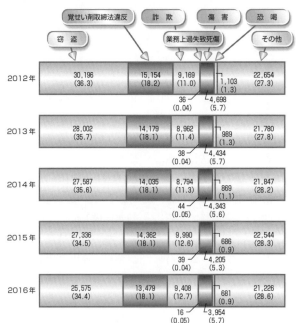

Ⅲ-❸-1　公判請求人員の主要罪名別内訳（（　）内は％）

64

Ⅲ-❸-2　起訴された人員の手続別・裁判所別内訳
　　　　（（　）内は％）

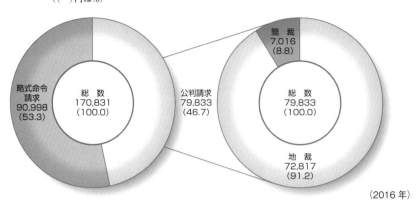

（2016年）

Ⅲ-❸-3　起訴状（→54頁）

```
                                            平成31年検第9300号

                    起　訴　状

                                        平成31年4月19日
   東京地方裁判所　　殿

                                        東京地方検察庁
                                        検察官　検事　　谷　口　義　男　㊞

   下記被告事件につき公訴を提起する。

                        記

   本　籍　広島県広島市安芸区船越1丁目4番2号
   住　居　東京都品川区中延3丁目4番6号平和ハイツ206号室
   職　業　会社員

                                    勾留中　早　見　圭　司
                                            平成3年9月14日生

                    公　訴　事　実

   被告人は
 第1　三上弘敏と共謀の上，平成31年3月1日午後11時15分ころ，東京都中央区晴海4丁
     目5番6号先路上において，柴原淳（当時27年）に対し，殺意をもって，所携のナイフ
     （刃体の長さ約16.5センチメートル）でその左前胸部を1回突き刺して心臓刺創の傷害を
     負わせ，よって，即時，同所において，同人を上記傷害により失血死させて殺害し
 第2　上記三上と共謀の上，同日午後11時30分ころ，東京都中央区晴海4丁目5番6号先東
     京港晴海埠頭から，上記柴原の死体を東京湾に投棄し，もって死体を遺棄し
 第3　法定の除外事由がないのに，平成31年3月30日午後10時ころ，東京都品川区中延3
     丁目4番6号平和ハイツ206号室被告人方において，覚せい剤であるフェニルメチルアミ
     ノプロパンを含有する水溶液を自己の身体に注射し，もって覚せい剤を使用し
   たものである。
                    罪　名　及　び　罰　条
         第1　殺　　　　　人　　　　　刑法第199条，第60条
         第2　死　体　遺　棄　　　　　刑法第190条，第60条
         第3　覚せい剤取締法違反　　　同法第41条の3第1項第1号，第19条
```

▶▶▶ Ⅲ 公　訴

(2) 起訴状の送達

公訴が提起されたとき，裁判所は，遅滞なく，起訴状を被告人に送達しなくてはならない。公訴提起の日から2か月以内にその謄本が被告人に送達されないときは，公訴はさかのぼってその効力を失い，公訴が棄却されることになる（271条2項）。

Ⅲ-❸-4　移送通知書

Ⅲ-❸-5　送達報告書

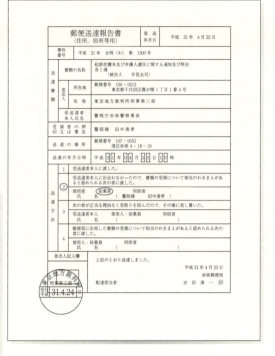

(3) 起訴状記載の問題点

起訴状の記載で問題になるのは，以下の2点である。

①　被告人の特定　　被告人が氏名を黙秘した場合は，人相，体格その他被告人を特定するに足りる事項を記載する（64条2項参照）。実務上は，起訴状に被告人の写真が添付される。

被告人が他人の氏名を冒用した場合，被告人は冒用者か被冒用者か。表示説，行動説，意思説があるが，表示説を基本としながら，被告人の行動，検察官の意思を参酌する実質的表示説

いわゆる代用監獄と拘置所　　警察の留置場は，本来，逮捕後の身体の拘束である留置のためのもので，勾留は，起訴前でも拘置所（旧監獄法にいう監獄のひとつ）でなされるべきものである。しかし，多くの場合，警察の留置場が代用され，被疑者は，勾留決定後も，留置場に身体を拘束される。そこで，警察の留置場を勾留場所として使用する場合，「代用監獄」とよんだ。しかし，「監獄法」に代えて「刑事収容施設及び被収容者等の処遇に関する法律」（刑事収容法）が制定され，拘置所は「刑事施設」と呼ばれるようになった。そこで，「代用刑事施設」が正しいが，本書では「いわゆる代用監獄」と呼ぶ。そして，拘置所での勾留は，起訴後の移送によって開始されることになる。警察のいわゆる代用監獄での勾留が不適切な場合，弁護人から裁判所に拘置所への移送の申立てがなされ，裁判所がこれを認めれば，拘置所への移送が実現するが，その例は少ない。なお，検察庁（例えば，特別捜査部〔特捜部〕）が被疑者を逮捕した場合には，起訴前でも拘置所に留置・勾留される。

によるべきである。

② 訴因の特定　訴因を明示するには、できる限り日時、場所及び方法をもって罪となるべき事実を特定しなければならない（256条3項）。訴因が特定されていない起訴状は、無効であり、判決で公訴を棄却される（338条4号）。そこで、訴因の特定が問題になるが、訴因の機能は、裁判所にとっては審判の対象を画定するためであり（識別説）、被告人にとっては防御の範囲を画定するためである（防御説）。しかし、被告人の防御権は、訴因の特定だけでなく、争点の明確化によっても図られるべきであるから、訴因の特定は、識別説を基準とするのが妥当である。

2　略式命令請求

略式命令も裁判官による裁判の一種であるが、簡易裁判所の裁判官が書面審査だけで下す（461条）。被告人に不服がある場合は、正式裁判の請求をすることができる（465条）。その場合、略式命令は失効し、起訴状による公判請求がなされた状態になる（468条2項）。

Ⅲ-❸-6　略式手続の告知手続書・申述書
（ストーリーと関係なし）

Ⅲ-❸-7　略式命令（ストーリーと関係なし）

起訴状一本主義

職権主義のもとでは、起訴状とともに、証拠である捜査記録（一件記録）が裁判所に提出され、裁判官は、予め捜査記録を読んで公判に臨む。ドイツやフランスなどの大陸法系の裁判制度がそれで、わが国でも旧刑事訴訟法では同様だった。しかし、現行法は、起訴状には裁判官に事件について予断を抱かせるおそれのある書類その他を添付し、またはその内容を引用してはならないものとした（256条6項）。つまり、わが国では、裁判官は、検察官の嫌疑を引き継いではならず、公判に白紙の状態で臨まなくてはならない。これを予断排除の原則という。また、公訴提起にあたって起訴状だけが裁判所に提出され、証拠が提出されないという意味で、起訴状一本主義と呼ばれる。

なお、公判前整理手続（→86頁）を経ると、裁判所は、検察官の証明予定事実記載書面、弁護人の予定主張記載書面によって、第1回公判期日前に、起訴状に書かれたものよりはるかに詳しい情報を得る。しかし、証拠に接するわけではないので、起訴状一本主義（予断排除の原則）に反しないと考えられている。

Ⅳ 公　判

1　総　説

1　公判総論

(1) 公判の構造

　刑事手続は，捜査と公判（と刑の執行手続）からなり，両者を結ぶのが公訴である。その意味で，公判とは，公訴の提起から裁判の確定に至るまでの訴訟手続全体を意味する（広義）。他方，公判は，公判廷（公開の法廷）での手続，すなわち公判期日における訴訟手続をも意味する（狭義）。

　公判の構造については，2つの考え方がある。**当事者主義**のもとでは，公判は，検察官の公訴の提起によって開始され（弾劾主義），かつ，起訴状だけが裁判所に提出され（起訴状一本主義），捜査記録（一件記録）は，依然検察官が持ったままである（そこで，これを検察官の手持ち証拠という）。検察官による立証は，第1回公判期日での冒頭陳述とこれに引き続く証拠調べ請求によって開始され，被告人は，これに対し，弁護人の援助のもとに，防御活動を展開する（当事者による攻撃・防御）。裁判所は，白紙の状態で公判廷に臨み（予断排除の原則），審判者の立場に徹することが求められ，裁判所が職権で証拠調べを行うことは例外的とされる。

　これに対し，**職権主義**のもとでは，公訴提起と同時に，捜査記録が裁判所に提出され，裁判所は予め捜査記録を読んで公判廷に臨む。そのため，第1回公判期日の冒頭に，裁判所から被告人に対する詳細な被告人質問がなされ，捜査段階との供述の食い違いなどについて糺(ただ)されることも稀ではなく，当事者である検察官や弁護人の活動は，当事者主義と比べると，明らかに消極的である。

　当事者主義に慣れた者の眼には，職権主義の刑事訴訟はショッキングでさえある。いずれが真実発見のシステムとして優れているのかは，一概にいえないが，わが国の刑事訴訟法は，被告人の人権擁護の観点から，当事者主義の構造を採用した（→5頁）。

(2) 公　判　廷

　公判が開かれる事件は，単独の裁判官による事件（一人制事件）と複数の裁判官による事件（合議制事件）に分かれる。さらに，2004年に導入された裁判員制度により，合議法廷も裁判官のみによる合議法廷と裁判員の参加した裁判員裁判の合議法廷とに分かれる。

Ⅳ-**1**-1　裁判官による刑事合議法廷
①裁判官　②裁判所書記官　③裁判所速記官　④裁判所事務官
⑤検察官　⑥弁護人　⑦被告人

68

▶▶▶ 1　総　　説

公判における被害者の地位

　わが国では，被害者は，①告訴，②不起訴処分に対する検察審査会への申立て，③付審判請求を除いて，捜査段階で取り調べられ，公判段階で尋問されるという消極的関与しか認められてこなかった。その意味で，被害者は当事者ではなかった。しかし，イギリス，フランス，ドイツなどには被害者が刑事訴追を行う私人訴追制度があり，被害者が刑事手続に付随して損害賠償の訴えを行う制度（付帯私訴）や裁判所による賠償命令の制度を採用している国も少なくない。わが国の旧刑事訴訟法は，付帯私訴の制度を認めていたが，現行法はこれを廃止し，いわば民事と刑事を完全に分離したのである。

　しかし，2000年の犯罪被害者保護法，2000年および2007年の刑訴法改正により，①性犯罪の告訴期間の撤廃（235条1項1号），②証人尋問での証人への付き添い（157条の2），証人尋問の際の遮へい措置（157条の3），ビデオリンク方式による証人尋問（157条の4）が新設され，③公判記録の閲覧・謄写（犯罪被害保護3条1項），④被害者参加制度（316条の33～316条の39）の創設による被害者参加人の公判期日への出席，検察官の権限行使に関する意見陳述，証人尋問（ただし，情状に限る），被告人質問，事実および法律の適用に関する意見陳述，⑤民事上の和解を記載した公判調書に対する執行力の付与（犯罪被害保護4条）など，公判における被害者の地位を強化する方策が講じられた。被害者は，当事者ではないが，公判廷で被告人と厳しく対峙することもあり得る存在になったのである（→11頁参照）。

2　裁判員制度

(1)　裁判員制度の創設

　裁判員制度は，2004年，素人である裁判員が裁判官と共に公判手続に関与することで，司法に対する国民の理解の増進とこれに対する信頼の向上に資するとして導入された（裁判員1条）。裁判員裁判の対象事件は，①死刑または無期の懲役もしくは禁錮にあたる罪に係る事件および②裁判所法26条2項2号に掲げる事件であって，故意の犯罪行為により被害者を死亡させた罪に係る事件である（裁判員2条1項1号・2号）。裁判員事件では，合議体を構成する裁判官（構成裁判官）と裁判員とが合議をすることとなるが，裁判員の判断事項は，①事実の認定，②法令の適用および③刑の量定である（裁判員6条1項・3項）。裁判員は，事実の認定のみならず法令の適用・刑の量定にも関与する点において，陪審制度とは大きく異なり，むしろ参審制度に類似することになる。

Ⅳ-1-2　陪審制度・参審制度・裁判員制度

	陪審制度	参審制度	裁判員制度
人数構成	裁判官　1名 陪審員12名	裁判官3名（3名） 参審員2名（6名） ドイツの場合 （　）内はフランス	裁判官3名（1名） 裁判員6名（4名） （　）内は小合議体
裁判形態	陪審員のみの評議	裁判官との合議体	裁判官との合議体
任　　期	事件ごとに選任	5年（独） 3か月（伊） 数週間（仏）	事件ごとに選任
市民の役割	有罪無罪の決定 ＊ただし，理由なし。	事実認定 法令の解釈適用 刑の量定 ＊裁判官と同じ。	事実認定 法令の適用 刑の量定 ＊法令解釈は裁判官のみ。
主な実施国	英米加など	独仏伊など	日本のみ

（注）1　イタリアでは，裁判官2名と参審員6名である。なお，ドイツの区裁判所では裁判官1名と参審員2名である（Ⅳ-1-5〔次頁〕参照）。
　　　2　オーストリア，ノルウェー等では，陪審制度と参審制度が併用されている。そのうち，デンマークは，2008年1月1日から，重罪についての陪審制度を廃止して参審制度のみとした。その構成は裁判官3名と参審員6名で奇しくもわが国の裁判員制度と同じである。なお，重大事件でない場合には，裁判官1名と参審員2名である（Ⅳ-1-4〔次頁〕参照）。

69

▶▶▶Ⅳ 公　判

Ⅳ-**1**-3　裁判員裁判（模擬）

【参考資料】市民が参加する刑事法廷

Ⅳ-**1**-4　デンマークの参審裁判所
　　　　（両端が参審員）

Ⅳ-**1**-5　ドイツの参審裁判所
　　　　（両端が参審員）

(2) 裁判員の要件

①裁判員に選任される資格は，衆議院の選挙権を有する者すなわち満20歳以上の日本国民であることである（裁判員13条）。〔法改正により，令和4年4月1日より裁判員資格が18歳以上となった。〕②ただし，義務教育を終了していない者，禁錮以上の刑に処せられた者，心身の故障のため職務の遂行に著しい支障がある者等は裁判員となることができない（欠格事由，同14条）。③さらに，裁判員として職務を遂行する能力はあるが，国会議員，裁判官，検察官，弁護士，弁理士，司法書士，公証人，警察官，大学の法律学の教授等の一定の職業に就いている者は，裁判員の職務に就くことが禁じられている（就職禁止事由，同15条）。④また，裁判官の除斥事由，忌避事由に対応する事由，たとえば当該事件の被告人または被害者，その親族・法定代理人であった者，不公平な裁判をするおそれがある者もまた不適格とされている（不適格事由，同17条・18条）。⑤なお，厳密な意味での選任資格ではないが，年齢70歳以上であるなど一定の場合に裁判員を辞退することが認められている（同16条）。辞退については，政令（平成20年政令第3号）により，さらに詳細な辞退事由が定められている（裁判員16条8号参照）。

(3) 裁判員の選任手続

裁判員選任手続は，各市町村における名簿の作成から始まって，最終的に裁判所において6名の裁判員が選任されるまで，次のような順序で行われる。①まず，地方裁判所は，毎年9月

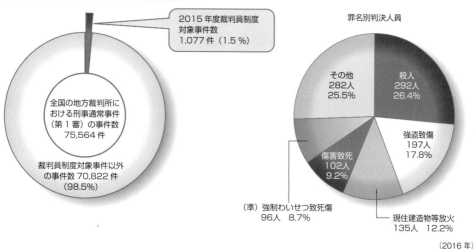

Ⅳ-1-6 裁判員制度の対象となる事件の数

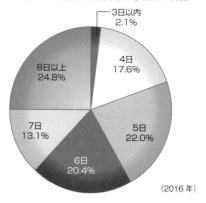

Ⅳ-1-7 裁判員が裁判手続に参加した日数

▶▶▶Ⅳ　公　判

1日までに，次年に必要な裁判員候補者の員数をその管轄区域内の市町村に割り当て，これを市町村の選挙管理委員会に通知する（裁判員20条）。選挙管理委員会は，裁判員候補者の予定者として通知を受けた員数の者を「くじ」で選定し，これをもとに「裁判員候補者予定者名簿」を調製する（同21条）。この名簿は，通知を受けた年の10月15日までに通知をした地方裁判所に送付する（同22条）。②地方裁判所は，受領した裁判員候補者予定者名簿にもとづき，欠格事由，就職禁止事由にあたる者を消除したうえで，「裁判員候補者名簿」を調製し，この名簿に記載された者にその旨を通知する（同23条・25条）。この通知書と同時に辞退事由などの関する調査票も送付される。

③裁判所（受訴裁判所）が，審判に要すると見込まれる期間その他の事情を考慮して，呼び出すべき裁判員候補者の員数を定めると，地方裁判所は，この員数の呼び出すべき裁判員候補者を，裁判員候補者名簿の中から「くじ」で選定する（同26条3項）。このくじによる選定に，検察官および弁護人は立ち会うことができる（同条4項）。④裁判所は，裁判員等選任手続を行う日を定め，くじで選定された裁判員候補者を呼び出す（同27条）。この呼出状の送付と同

時に，辞任事由に関して選任手続の当日に提出する質問票も送付される。

⑤裁判所で実施される裁判員等選任手続は，裁判官，裁判所書記官，検察官および弁護人が出席して開かれる非公開の手続である（同32条・33条1項）。被告人は，裁判所が必要と認めたとき出席を認められる（同32条2項）。裁判長は，裁判員候補者に対して，これまでに調査票および質問票に対する回答が提出されていれば，それらを参考としつつ，裁判員の資格，要件の有無について判断するため必要な質問を行う（同34条1項）。⑥裁判所は，裁判員候補者が欠格事由に該当するなどの資格要件を欠くときは，その裁判員候補者について，当事者の請求または職権により，不選任の決定をする（同34条4項）。他方，検察官および被告人は，裁判員候補者について，それぞれ4人を限度として理由を示さない不選任の請求をすることができ，裁判所はこれにつき不選任の決定をする（同36条）。⑦以上のようにして選任された裁判員に対し，裁判長は，裁判員の権限，義務その他必要な事項を説明する（同39条1項）。裁判員は，法令に従い公平誠実に職務を行うことを誓う旨の宣誓をする（同条2項）。

平成 20 年政令第 3 号　　裁判員の参加する刑事裁判に関する法律（以下「法」という。）
第 16 条第 8 号に規定する政令で定めるやむを得ない事由は，次に掲げる事由とする。
1　妊娠中であること又は出産の日から 8 週間を経過していないこと。
2　介護又は養育が行われなければ日常生活を営むのに支障がある親族（同居の親族を除く。）又は親族以外の同居人であって自らが継続的に介護又は養育を行っているものの介護又は養育を行う必要があること。
3　配偶者（届出をしていないが，事実上婚姻関係と同様の事情にある者を含む。），直系の親族若しくは兄弟姉妹又はこれらの者以外の同居人が重い疾病又は傷害の治療を受ける場合において，その治療に伴い必要と認められる通院，入院又は退院に自らが付き添う必要があること。
4　妻（届出をしていないが，事実上婚姻関係と同様の事情にある者を含む。）又は子が出産する場合において，その出産に伴い必要と認められる入院若しくは退院に自らが付き添い，又は出産に自らが立ち会う必要があること。
5　住所又は居所が裁判所の管轄区域外の遠隔地にあり，裁判所に出頭することが困難であること。
6　前各号に掲げるもののほか，裁判員の職務を行い，又は裁判員候補者として法第 27 条第 1 項に規定する裁判員等選任手続の期日に出頭することにより，自己又は第三者に身体上，精神上又は経済上の重大な不利益が生ずると認めるに足りる相当の理由があること。

▶▶▶ 1 総　説

Ⅳ-1-8 調査票

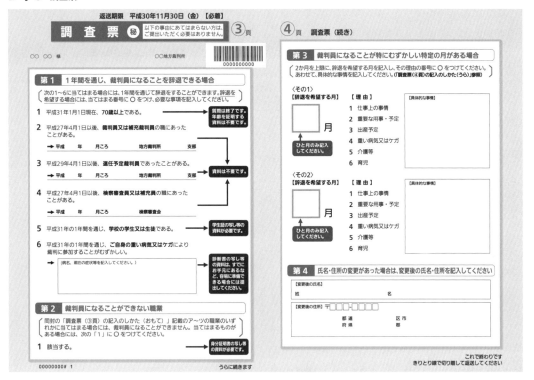

▶▶▶ Ⅳ 公 判

Ⅳ-1-9 呼出状（→75頁，92頁）

Ⅳ-1-10 質問票（当日用）（→75頁，92頁）

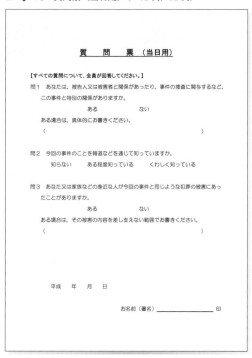

Ⅳ-1-11 裁判員等選任手続の流れ（審理日数3日程度の場合）

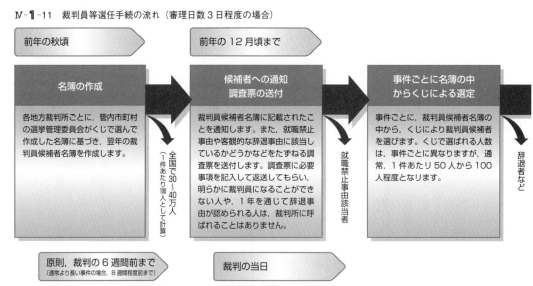

▶▶▶ 1 総　説

Ⅳ-1-12　宣誓書

宣　誓

法令に従い公平誠実に
職務を行うことを誓います

裁判員　白藤　守㊞

Ⅳ-1-13　裁判員候補者待機室

Ⅳ-1-14　質問手続（模擬）の様子

story⑥　（54頁より）

　殺人事件は，裁判員裁判対象事件で，公判前手続が必要的である。そこで，三上と早見の事件は，それぞれ公判前整理手続に付された。
　まず，三上の公判前整理手続で，検察官は，証明予定事実を明らかにし（証明予定事実記載書面→88頁参照），請求予定証拠を開示した。これに対し，酒井弁護士は，公訴事実について，被告人はすべて認める予定であるが，弁護人としては，本件覚せい剤の押収は違法で，関係証拠は違法収集証拠として排除されるべきであるから無罪であると主張する予定で，検察官請求の証拠書類のうち覚せい剤に関するものは不同意であるが，その余はすべて同意し，弁護側の立証は，警察官山口の証人尋問，情状証人の尋問，被告人質問である旨述べた。そこで，検察官は，覚せい剤に関する証拠の請求を留保したまま，警察官山口の証人尋問を請求した。これを受けて，裁判所は，同意書面を証拠採用したうえ，検察官，弁護人双方請求の警察官山口，弁護側請求の情状証人の尋問および被告人質問を決定し，弁護人と検察官の意見を聞いて，裁判官3名，裁判員6名の裁判体で審理することにし，公判期日を指定した（期日指定書，公判期日召喚状）。
　なお，公判前整理手続終了後，酒井弁護士は，柴原の妻・柴原郁子に三上の父親が捻出した1000万円を支払って示談した。
　7月中旬，裁判員の選任手続を経て（呼出状→74頁参照，質問票→74頁），6人の裁判員が決定され，その日の午後，三上の裁判の第1回公判期日が開かれた。冒頭手続が開始され，裁判長による三上の人定質問，検察官の起訴状朗読，裁判長による黙秘権の告知ののち，三上の罪状認否が行われ，三上は，自分は柴原を殺すつもりはなかったが早見が柴原の胸をナイフで刺して殺したことは事実なので，殺人を認め，死体遺棄，覚せい剤の使用・所持も間違いない旨述べた。しかし，酒井弁護士は，事実関係は被告人と同様だが，

75

▶▶▶Ⅳ 公　判

❀ story ⑦ ❀

覚せい剤の押収は違法で，証拠排除されるべきであるから，覚せい剤取締法違反については無罪である旨主張した。

ついで，証拠調べに入り，検察官の冒頭陳述，弁護人の冒頭陳述がなされ，裁判長から公判前整理手続の結果が顕出され，検察官請求の証拠（証拠等関係カード（甲）→100頁）のうち証拠書類が同意書面として取り調べられたのち，覚せい剤を押収した警察官山口の証人尋問が行われた。山口証人は，主尋問では，三上から同意を得て所持品検査を行い覚せい剤を発見したと証言したが，反対尋問で，三上が所持品検査を拒否したので，三上のズボンのポケットに勝手に手を突っ込んだことを認めた。検察官は，留保していた覚せい剤に関する証拠書類を伝聞例外書面として請求する旨主張したが，裁判官3人は，裁判員の意見を聞いたうえ，覚せい剤の押収は，既にこの点に関する最高裁判例があるのに敢えてこれを無視したものと言わざるを得ず，令状主義の精神を没却する重大な違法性があり，かつ，将来の違法捜査を抑制する見地からもこれを排除するのが相当であり，さらに，尿に関する証拠は毒樹の果実であるから，いずれも，却下する旨決定した。しかし，弘前との協議・合意制度を利用した弘前の検面調書は，毒樹の果実に当たらないとして，証拠採用した。そして，被告人の自白調書，身上関係証拠などが同意書面として取り調べられ，検察官側の立証が終了した（証拠等関係カード（乙）→100頁。三上の身上調査照会回答書→20頁）。弁護人は，示談書を，公判前整理手続終了後の「やむを得ない」証拠として請求し，これに対し，検察官は異議を唱えず，裁判所もこれを認めて，証拠調べがなされた。さらに，弁護側請求の情状証人（三上の母・三上幸代）の証人尋問と被告人質問（三上の被告人質問調書→102頁）が行われ，証拠調べを終結した。

ついで，検察官による論告がなされ，検察官は懲役10年を求刑したのち，弁護人による弁論が行われた。裁判官と裁判員は，直ちに評議に移り，4時間後，全員一致の評議に基づき，「殺人については，三上に確定的な殺意があったとまでは認められないが，予めナイフを用意していたことなどから未必的な殺意が認められ，かつ，早見は確定的殺意に基づいて柴原を殺害したと認められるとして，殺人罪の成立を認め，死体遺棄罪の成立も明らかであり，覚せい剤所持についても，違法収集証拠排除の結果，被告人の捜査段階および公

❀ story ⑧ ❀

判廷での自白は，弘前の検面調書によって補強されている」とし，示談が成立していることも考慮して，殺人・死体遺棄と覚せい剤取締法違反の罪で懲役6年との結論に達し，法廷でその旨の判決を下した（判決書→122頁）。

三上も検察官も，この判決に控訴しなかったため，三上に対する判決は確定し，三上に対する刑が執行された（執行指揮書→134頁）。

（84頁へ）

▲証言する三上の母

3 公判の原則

公判の原則として，以下のものを掲げることができる。

(1) 公開主義

国民に公判の審理を公開し傍聴を認めることは，憲法上の要請であり（憲82条1項），公開裁判を受ける権利は被告人の権利で（憲37条1項），その違反は絶対的控訴理由である（377条3号）。ただし，公の秩序，善良の風俗を害する場合は，審理を公開しないことができる（憲82条2項）。公判廷の写真撮影，ビデオ録画は，裁判所の許可のもとに，開廷前の一定時間に限って認められる。傍聴人のメモは，判例によって認められた（→下記コラム「公判廷でのメモ（レペタ訴訟）」）。裁判終結後は何人も訴訟記録の閲覧をすることができ（53条1項），刑事確定訴訟記録法がその手続を定めている。なお，被害者等は，公判係属中も訴訟記録の閲覧・謄写ができる（犯罪被害保護3条1項）。

(2) 直接主義・口頭主義，弁論主義

直接主義・口頭主義とは，裁判所は口頭で直接提示された証拠に基づいて判断すべきであるとするもので，間接主義・書面主義がその対語である。弁論主義とは，当事者の弁論（主張・立証）に基づいて判断すべきであるとするもので，当事者主義の重要な内容であり，職権主義がその対語である。裁判員制度の導入に伴い，直接主義・口頭主義，弁論主義あるいは当事者主義がより徹底され，わが国の刑事訴訟は，飛躍的に変貌した。

(3) 集中審理主義

裁判所は，審理を継続的に集中して審理しなければならないとするもので，迅速な裁判を受ける権利は被告人の権利でもある（憲37条1項）。集中審理について，これまでは刑訴規則で定められていたが（旧刑訴規則179条の2第1項），2004年の改正で刑訴法に盛り込まれた（281条の6第1項）。裁判員制度を念頭においたものであるが，これによってわが国の刑事裁判は一気に迅速化されることが期待されたが，公判前整理手続に時間を要することがあり，課題は残されている。しかし，「迅速な裁判」とは「拙速な裁判」ではないことも知っておく必要がある（→次頁コラム「迅速な裁判（高田事件）」）。

公判廷でのメモ（レペタ訴訟）

米国ワシントン州の弁護士で国際交流基金特別研究員として日本の証券市場について研究していたレペタ氏は，研究の一環として東京地裁に係属中の所得税法違反被告事件の公判を傍聴していた。同氏は公判期日ごとに傍聴席でメモを取ることの許可を裁判所に求めたが，裁判所はこれを認めなかった。当時は司法記者クラブ所属の記者だけが法廷でメモを取ることができたのである。そこで，レペタ氏は，憲法14条（平等原則），21条（表現の自由），82条（裁判の公開）などを根拠に裁判所の措置は違法であるとして国家賠償請求の訴訟を提起した。

最高裁は，レペタ氏の主張を認めなかったものの，「裁判所としては，今日においては，傍聴人のメモに関し配慮を欠くに至っていることを率直に認め，今後は，傍聴人のメモを取る行為に対し配慮をすることが要請されることを認めなければならない」と付加的に判示した（最大判平成元・3・8民集43巻2号89頁）。

この大法廷判決が下された翌日，全国の裁判所の掲示からメモ禁止の文字が消え，傍聴人がメモをすることは自由になった。レペタ氏は，実質的に勝訴したのである。それにしても，外国人の勇気ある提訴によって，わが国の制度の不備が「漸進的に」改められるという事態は，まことに不名誉なことというべきであろう。

▶▶▶ IV 公　判

Ⅳ-1-15　通常第1審における終局人員の審理期間，平均審理期間，平均開廷回数および平均開廷間隔

（地裁・簡裁）

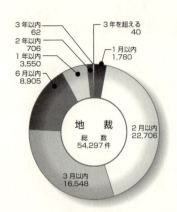

地裁　総数 54,297件
- 3年以内　62
- 3年を超える　40
- 1月以内　1,780
- 2月以内　22,706
- 3月以内　16,548
- 6月以内　8,905
- 1年以内　3,550
- 2年以内　706

簡裁　総数 6,590
- 3年以内　0
- 3年を超える　1
- 2年以内　17
- 1年以内　148
- 1月以内　267
- 2月以内　3,918
- 3月以内　1,753
- 6月以内　486

地　裁	2011	2012	2013	2014	2015
平均審理期間（月）	3.0	3.0	3.1	3.0	3.0
平均開廷回数（回）	2.6	2.7	2.7	2.7	2.7
平均開廷間隔（月）	1.1	1.1	1.1	1.1	1.1

簡　裁	2011	2012	2013	2014	2015
平均審理期間（月）	2.1	2.1	2.0	2.1	2.2
平均開廷回数（回）	2.2	2.2	2.1	2.2	2.2
平均開廷間隔（月）	1.0	1.0	1.0	1.0	1.0

（注）1　刑事通常第1審事件票による実人員である。
　　　2　平均開廷間隔は，平均審理期間を平均開廷回数で除したものである。

（2015年）

迅速な裁判（高田事件）

　1952年6月，名古屋市内の高田派出所が襲撃されるなど一連の集団暴行事件が発生し，31名が住居侵入，放火，傷害等の訴因で起訴された。しかし，うち28名については，1953年（ないし1954年）から1969年まで約15年間審理が全く行われなかった。その理由は，うち20名が起訴された大須事件の審理が優先して行われたことにある。

　名古屋地裁は，迅速な裁判を受ける権利が侵害されたとして被告人らを免訴としたが，名古屋高裁は，刑訴法に何らの規定がないことを理由に1審判決を破棄・差し戻した。そこで，被告人らが上告した。

　最高裁判所は，憲法37条1項は，被告人の迅速な裁判を受ける権利が害されたと認められる異常な事態が生じた場合には，これに対処すべき具体的な規定がなくても，審理を打ち切るという非常救済手段がとられるべきことをも認めている趣旨の規定であるとして，明文の規定はないが，実体的審理を進めることは適当でないから判決で免訴の言渡しをするのが相当であると判示し，2審判決を破棄し，検察官の控訴を棄却する旨の判決を言い渡した（最大判昭和47・12・20刑集26巻10号631頁）。

　最高裁によって憲法37条1項が単なるプログラム規定ではないことが確認されたことの意義は大きいが，しかし，高田事件以外の事件で弁護側の同種の主張が認められたことはない。そこで，高田事件の大法廷判決は，下級審の裁判所に訴訟の迅速処理を促す効果をもたらしただけだともいわれている。

▶▶▶1 総　説

4　公判手続の態様

(1)　簡易公判手続

罪状認否手続で，被告人が有罪である旨の陳述をしたとき，裁判所は，当事者の意見を聞いて，**簡易公判手続**によって審判することができる（291条の2）。英米法系の国では，被告人が有罪の答弁をすると，事実認定手続は省略され，直ちに量刑手続に移行するが（このような罪状認否手続をアレインメントという），わが国では，公判廷での有罪の陳述のみによって有罪とすることはできず（319条3項），簡易公判手続によることになった場合は，簡易な手続（伝聞法則の不適用，証拠調べの方式の不適用）によって証拠調べを行うことが認められているだけである。

簡易公判手続による判決は，判決書に証拠の標目を掲げる必要はなく，公判調書を引用すれば足りる（規218条の2）。

簡易公判手続は必ずしも多く利用されていないが，自白事件と否認事件を明確に区別して取り扱うことには意義があり，この制度の一層の活用が期待される。なお，被告人が有罪を自認

した事案について，より簡便な手続として，即決裁判手続が立法化された。

(2)　即決裁判手続

略式手続と同じ簡易裁判手続であるが，略式手続が簡易裁判所による書面審理であるのに対し，即決裁判手続は，簡易裁判所または地方裁判所が，公判を開いて，懲役・禁錮を含む判決を下す点では正式裁判手続と異ならない。

即決裁判の申立ては，死刑または無期もしくは短期1年以上の懲役・禁錮にあたる事件を除き，事案が軽微かつ明白で，証拠調べが速やかに終わると見込まれる場合に，検察官が，公訴の提起と同時に，被疑者の同意を得たうえで，これを行う（350条の16第1項・2項）。

即決裁判の申立てがあった場合に，被告人に弁護人がないときは，裁判長は，速やかに職権で国選弁護人を付す（350条の18）。申立後は，弁護人の関与が必要的で，必要的弁護制度が軽微事件について拡張されたことになる。

裁判所は，できるだけ速やかに公判期日を開き，冒頭手続で，被告人が有罪である旨の陳述をしたときは，即決裁判手続によって審判する

Ⅳ-**1**-16　即決裁判申立書（→54頁）

```
平成31年東地庁外領第3000号          平成31年検第300000号

                起　訴　状

                          平成 31年 4月 11日

  東京地方裁判所　殿

              東京地方検察庁

              検察官事務取扱副検事　東澤正和　㊞

  下記被告事件につき公訴を提起し，即決裁判手続の申立てをする。
                    記
  本籍　東京都世田谷区玉川1丁目100番地
  住居　同区玉川2丁目3番4号玉川アパート101号室
  職業　大学生

        (勾留中)                    金　子　慎
                          平成 11年 3月 1日生

              公　訴　事　実
    被告人は，法定の除外事由がないのに，平成31年3月21日午後10時ころ，東京都
  世田谷区玉川2丁目3番4号玉川アパート101号室被告人方で，覚せい剤であるフェニ
  ルメチルアミノプロパンを含有する水溶液を自己の身体に注射し，もって覚せい剤
  を使用したものである。

              罪名及び罰条
    覚せい剤取締法違反　同法第41条の2第1項第3号，第19条
```

Ⅳ-**1**-17　即決裁判手続に対する意見書（→54頁）

```
            即決裁判手続に対する意見書

                          平成 31年 4月 11日

  東京地方検察庁　東澤正和副検事　殿

      私は，被疑者金子慎に係る覚せい剤取締法違反被疑事件の弁護人に選任された者
  ですが，当該被疑事件について公訴が提起されるときは，即決裁判手続によること
  について同意します。

                  東京弁護士会所属
                    弁護士　林田良和　㊞
```

79

▶▶▶Ⅳ 公 判

旨決定する（350条の22）。冒頭陳述は省略され，証拠調べは適当と認める方法で行われ（350条の24），判決はできる限り即日言い渡され（350条の28），懲役または禁錮の言渡しをする場合には，必ずその刑の執行が猶予される（350条の29）。

即決裁判手続で言い渡された判決に対し，事実誤認を理由として控訴できず，上訴審は，事実誤認を理由に原判決を破棄できない（403条の2・413条の2）。

即決裁判手続は，簡易公判手続と比較すると，①公訴提起の段階から簡易手続であることを明示し，②公判での弁護人の関与を必要的とし，③科刑制限を設けて，懲役・禁錮の場合には執行猶予を必要的とし，④事実誤認に関する上訴制限・破棄事由の制限を設けたことが異なっている。

即決裁判手続は，2006年10月から実施され，起訴から2週間以内に約30分間の審理で執行猶予付判決が言い渡される簡易・迅速な手続が現実化している。メリハリの利いた刑事裁判の効率的運用の観点からは望ましいが，執行猶予が確実であることから，被疑者・被告人が主張すべき事実や権利を訴えることを諦めるようなことがあってはならない。弁護人の役割の重要性は，即決裁判手続で一層増したことになる。

しかし，即決裁判手続も，その実施件数は多くはない。その理由は，被告人が否認に転じた場合に備えておく必要から，必要となる証拠の量に変わりはないからである。そこで，2016年の改正において，同一事件についての再起訴の制限を定めた刑訴340条の例外として，被告人が否認に転じた場合に，いったん公訴の取消しをおこない，あらためて再捜査を遂げて再起訴することが可能となった（350条の26）。これにより，即決裁判手続事件については，捜査機関はあらかじめ全ての捜査を尽くしておく必要はなくなり，即決裁判手続の利用が進むものと期待されている。

Ⅳ-1-18 簡易公判手続決定人員（地裁・簡裁）

裁判所	地　　裁				簡　　裁			
区分	自　白	簡易公判手続			自　白	簡易公判手続		
年次	人　員 (A)	決定人員 (B)	$\left(\dfrac{B}{A}\right)$ %		人　員 (C)	決定人員 (D)	$\left(\dfrac{D}{C}\right)$ %	
2010	55,108	332	0.6		9,165	382	4.2	
2011	50,473	173	0.3		8,473	207	2.4	
2012	49,168	195	0.4		7,704	153	2.0	
2013	44,663	113	0.3		7,125	60	0.8	
2014	45,095	39	0.1		6,653	33	0.5	

Ⅳ-1-19 通常第1審における即決裁判手続の実施状況（地裁・簡裁）

裁判所	区分 年次	即決裁判手続の申立てのあった人員	うち 即決裁判手続により審判する旨の決定のあった人員
地裁	2010	2,953	2,932
	2011	1,887	1,875
	2012	1,397	1,391
	2013	850	841
	2014	747	743
簡裁	2010	345	344
	2011	229	228
	2012	157	156
	2013	84	84
	2014	56	56

2　公判の準備手続

　公訴が提起されると，やがて公判が開かれるが，裁判所や当事者は，その準備（公判準備）を行わなくてはならない。裁判所が行う準備としては，被告人に対する起訴状の送達，弁護人の選任に関する問い合わせ（通知と照会），国選弁護人の選任，第1回公判期日の進行に関する事前連絡（場合によって，関係者による協議）などがある。

　しかし，裁判所は，予断排除の原則により，第1回公判期日前は，事件の実体に触れる行為を行うことはできない。そこで，例えば，被告人の勾留や保釈について，第1回公判期日前は，事件が係属している（受訴）裁判所ではなく，裁判官がこれを行うなど，第1回公判期日前と第1回公判期日後とでは判断の主体が異なることがあり，裁判所が行う公判準備でも，検察官が冒頭手続で明らかにする事実関係を知るようなことは許されない。

　また，裁判所の準備とは別に，証拠開示，証拠調べ請求に対する意見の事前通知など当事者間で行われる準備もある。

1　被告人の出頭確保

　被告人の出頭を確保するために，公判期日には被告人を召喚する（273条2項・57条）。被告人が召喚に応じないと，勾引（強制的に引致）される（58条）。勾留中の被疑者について公訴が提起されたとき，何らの手続を要することなく，「被告人の勾留」が始まる。その期間は2か月で，その後，必要がある場合は，1か月ごとに更新される（60条2項）。被告人の勾留を行うのは受訴裁判所であるが（60条1項），第1回公判期日前は，予断排除の原則のために，裁判官が勾留に関する処分を行う（280条1項）。

　被告人の勾留を解くものとして，①勾留の取消し，②勾留の執行停止，③保釈があるが，一般的なのは，③の保釈である。裁判所は，保釈の請求があったときは，原則として，保釈を許可しなくてはならない（89条）。これを権利保釈または必要的保釈という。しかし，罪証隠滅のおそれがあるなどとして，保釈が許されないことも多い。その場合，裁判所は職権で保釈を許すことができる（90条）。これを裁量保釈または任意的保釈という。

Ⅳ-**2**-1　刑事事件記録（表紙）

Ⅳ-**2**-2　保釈請求却下決定（→84頁）

▶▶▶Ⅳ 公　判

平成 31 年（刑わ）第 1300 号

保　釈　請　求　書

令和元年 8 月 28 日

東京地方裁判所　刑事第 14 部御中

被告人　早　見　圭　司
弁護人　二　木　貴　子　㊞

　上記被告人は，殺人・死体遺棄・覚せい剤取締法違反被告事件について勾留中のところ，下記の理由により保釈の請求をする。

記

　上記被告人は，上記事件につき，平成 31 年 3 月 30 日に逮捕されてから今日まで約 5 か月間勾留されているが，本件殺人・死体遺棄事件について，被告人が有罪であることの客観的物証とされている被告人方から発見されたハンカチの DNA 鑑定を試みたところ，三上の血液型・DNA 型物質は検出されたが，被告人の血液型・DNA 型物質は検出されなかった。つまり，同ハンカチは三上のものであって，被告人のものではない。いまや同ハンカチは被告人の無実を明らかにする証拠なのである。
　被告人に対する覚せい剤取締法違反事件について，証拠調べは未了であるが，検察官が得ている証拠について被告人がこれを隠滅することは客観的に不可能である。
　さらに，本件につき，全面的に無罪を主張している被告人が逃亡を図ることはあり得ず，被告人には逃亡のおそれもない。
　よって，被告人に対し，裁量により保釈を許可されるよう請求に及ぶ。

以　上

Ⅳ-2-3　保釈請求書（→84 頁）
　保釈は起訴後に認められるが，殺人事件などで認められる可能性は乏しい。本書式は一定程度審理が進んだ段階での請求書である。

平成 31 年（刑わ）第 1300 号

保　釈　許　可　決　定

被告人　早　見　圭　司
令和元年 9 月 14 日生

　被告人に対する殺人・死体遺棄・覚せい剤取締法違反被告事件について，令和元年 8 月 28 日，弁護人二木貴子から保釈の請求があったので，当裁判所は，検察官の意見を聴いた上，つぎのとおり決定する。

主　　文

　被告人の保釈を許可する。
　保証金額は金 500 万円とする。
　釈放後は，下記の指定条件を誠実に守らなければならない。これに違反したときは，保釈を取り消され，保証金も没取されることがある。

指定条件

1　被告人は，東京都品川区中延 3 丁目 4 番 6 号平和ハイツ 206 号室に居住しなければならない。
　住居を変更する必要ができたときは，書面で裁判所に申し出て許可を受けなければならない。
2　召喚を受けたときは，必ず定められた日時に出頭しなければならない（出頭できない正当な理由があれば，前もって，その理由を明らかにして，届け出なければならない。）。
3　逃げ隠れしたり，証拠隠滅と思われるような行為をしてはならない。
4　海外旅行又は 7 日以上の旅行をする場合には，前もって，裁判所に申し出て，許可を受けなければならない。

令　和　元　年　8 月　30 日
東京地方裁判所　刑事第 14 部

裁判官　杉　本　美　華　子　㊞

Ⅳ-2-4　保釈許可決定（→84 頁）

平成 31 年（刑わ）第 1300 号

準　抗　告　申　立　書

令和元年 8 月 30 日

東京地方裁判所　御中

検察官　井　上　正　樹　㊞

　被告人早見圭司に対する殺人・死体遺棄・覚せい剤取締法違反被告事件について，令和元年 8 月 30 日東京地方裁判所裁判官杉本美華子がなした被告人の保釈を許可するとの決定に対し，下記のとおり準抗告を申し立てる。

記

申立ての趣旨

　原決定を取り消す，
　本件保釈請求を却下する。
　との決定を求める。

申立ての理由

　東京地方裁判所刑事第 14 部裁判官杉本美華子は，令和元年 8 月 30 日，被告人に対し，保釈を許可する旨の決定を下したが，本件は，殺人・死体遺棄事件というまことに重大な事件である。
　なるほど弁護人が主張するように，上記事件の物証であるハンカチからは三上弘敏の血液型・DNA 型しか検出されなかったが，同ハンカチは被告人方から発見されたものであることは動かないことばかりか三上の捜査段階の供述こそが真実であると考えられるのであって，被告人にはなお罪証隠滅のおそれが高いというべきである。
　また，被告人が有罪とされた場合に被告人に科されるであろう刑が相当重いことは言うまでもないところであり，被告人には逃亡のおそれもある。
　さらに，被告人に対する覚せい剤取締法違反事件については，検察官請求の証拠調べは，未だ終了しておらず，被告人側の弁解がいかなるものであるかも判明していない。覚せい剤取締法違反事件は，それ自体として重大な事件であるが，本件殺人・死体遺棄事件とも密接不可分な関係にあり，被告人に対し保釈が許可された場合には，覚せい剤取締法違反事件についても罪証隠滅工作が行われ，ひいては本件殺人・死体遺棄事件の真相が歪められるおそれも大きいと言わなくてはならない。
　以上のとおり，被告人に保釈を許可した原決定は，誤りであり，すみやかに取り消されるべきであるから，本準抗告に及ぶ。

以　上

Ⅳ-2-5　準抗告申立書（→84 頁）
　殺人事件で被告人の保釈が認められるという異例の事態となったため，検察官が準抗告した。

保釈決定に対する不服申立て

保釈に関する不服申立ての方法は，裁判官の決定に対しては準抗告，裁判所の決定に対しては抗告である（429条・419条）。地裁事件の準抗告の裁判は，地裁の合議体によって（429条），抗告の裁判は，高裁（の合議体）によってなされる（裁16条2項）。保釈が許可されても，検察官から抗告（準抗告）がなされると，同時に検察官から執行停止の申立てがなされ，（保釈を許可した）裁判所によって保釈許可決定の執行が停止されるのが通常で（424条2項），抗告（準抗告）が棄却されてはじめて，被告人は釈放されることになる。

起訴後の勾留

勾留には，起訴前の勾留と起訴後の勾留がある。勾留中の被疑者が起訴された場合は，何らの手続を要することなく，当然に被告人の勾留が開始され（208条1項・60条2項），その期間は2か月で，とくに必要がある場合は1か月ごとに更新される。そこで，第1回公判期日が起訴から2か月以内に開かれた場合は，受訴裁判所が最初の勾留更新決定を行うが，第1回公判期日が2か月以内に開かれない場合は，裁判官が勾留更新決定をすることになる。

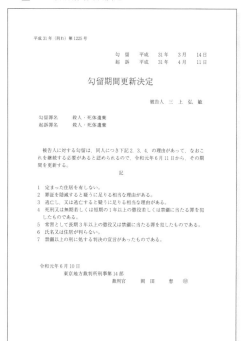

Ⅳ-2-6　勾留期間更新決定

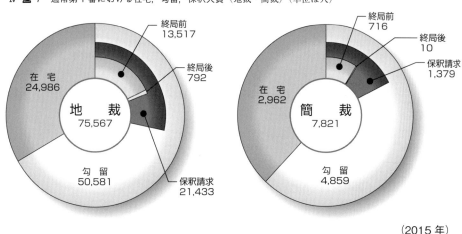

Ⅳ-2-7　通常第1審における在宅，勾留，保釈人員（地裁・簡裁）（単位は人）

（2015年）

▶▶▶Ⅳ　公　判

❧ story ⑨ ❧　　（76頁より）

　早見の公判前整理手続でも，検察官は，証明予定事実を明らかにし（証明予定事実記載書面→88頁），請求予定証拠を開示した。これを受けて，弁護人は，DNA鑑定の経過を記した書面を類型証拠として開示するよう求め（類型証拠開示請求書→89頁），検察官は，これを開示した。ついで，弁護人は，早見は殺人事件には無関係で，本件DNA鑑定の結果には疑問があるばかりか，凶器である2種類の刃物のうち未発見の両刃の刃物は，柴原自身が護身用に所持していたナイフである可能性がある，覚せい剤の使用も，早見は逮捕される5日前には伊豆に旅行中で，そのころ覚せい剤を使用したことはなく，早見の尿の覚せい剤反応は，警察によって捏造されたものであると主張し（予定主張記載書面→89頁），証人として稲口組の組員で柴原の兄貴分である西城隆一を請求し，かつ，逮捕前の早見の行動に関する警察の捜査結果に関する証拠を主張関連証拠として開示請求した（主張関連証拠開示請求書→90頁）。しかし，検察官は，そのような証拠は検察官の手持ち証拠中には存在しないと主張して，これを拒否したので，

弁護人は，早見は逮捕直後はそのような供述をしていたから，倉本警部の手元にある備忘録にこの点に関する記載があるはずである旨主張して，裁判所に対し証拠開示命令を請求した（証拠開示命令請求書→106頁）。そこで，裁判所は，検察官の意見を聞いたうえ，証拠開示命令を発した（証拠開示命令→106頁）。検察官は，これに対し即時抗告を申し立てたが，東京高裁は，これを棄却した。さらに，検察官は，判例違反を理由に最高裁に特別抗告を申し立てたが，最高裁は，検察官引用の判例は事案を異にするから判例違反はないとして，これを棄却した。その結果，検察官は弁護人に備忘録を開示した。

　さらに，弁護人は，早見方から発見されたハンカチは三上のものではないかと考え，ハンカチから三上の血液型およびDNA型が検出できないかの鑑定を請求した（鑑定請求書）。裁判所は，弁護人の請求を認め，ハンカチ，三上，早見の血液を用いた鑑定を命じた（鑑定命令→90頁）。2か月後に鑑定結果が得られ（鑑定書→119頁），弁護人は，鑑定書を証拠調べ請求したが，検察官は，これを不同意とした。

❧ story ⑩ ❧

　そこで，裁判所は，検察官，弁護人の意見を聞いたうえ，同意証拠の取調べのほか，検察側証人として，本件捜査経過に関する警察官，柴原の死体を解剖した法医学者，本件DNA鑑定をした技官，尿の押収に関する警察官，覚せい剤鑑定に関する技官，三上，弁護側証人として，西城，DNA鑑定をした法医学者の各証人尋問および被告人質問を決定し，全1日連日4日間の審理で証拠調べを終えることに決定した。

　なお，早見の事件も裁判官3人と裁判員6人の裁判員裁判で裁かれることになる。こうして，早見の事件は，公判前整理手続に約4か月間（4期日）を要したのち，公判期日が11月中旬5日間連続の期日として指定された（公判期日指定書，公判期日召喚状）。

　ところで，二木弁護士は，起訴後まもなく，早見の保釈を請求したが，裁判官はこれを却下した（保釈請求書→82頁参照，保釈請求却下決定→81頁参照）。しかし，弁護側請求のDNA鑑定の結果に基づいてあらためて保釈請求したところ，東京地裁刑事14部の裁判官は，保釈金500万円で

保釈を許可する旨の決定を行った（保釈許可決定→82頁）。これに対し，検察官は，保釈の執行停止を求めるとともに，保釈許可決定に対する準抗告を申し立てた（執行停止申立書，準抗告申立書→82頁）。東京地裁刑事14部の裁判官は保釈の執行停止を決定したが，東京地裁刑事1部が翌日検察官の準抗告を棄却したため，早見は保釈により釈放された。

　なお，10月中旬，柴原の妻郁子が被害者参加人として手続に参加することを申し出たので，裁判所はこれを許可した（被害者参加許可決定）。

（92頁へ）

► ► ► 2　公判の準備手続

2　第1回公判期日前の準備手続

第1回公判期日前の準備を「事前準備」と呼ぶ。予断排除の原則があるので，裁判所ではなく，当事者の準備活動が中心となる。ただし，公判前整理手続（→次頁）に付された場合は，裁判所が手続を主宰する。

Ⅳ-**2**-8　弁護人選任に関する通知および照会
（ストーリーと関係なし）

平成31年（刑わ）第1400号

弁護人選任に関する通知及び照会

事件名　窃盗
被告人　石　井　里　美

　被告人は，上記事件について，弁護人を選任することができます。
　勾留されている被告人は，弁護人を選任したいが心当たりの弁護士がいない場合に，弁護士会を指定して弁護人選任の申出をすることができます（この申出があったときは，裁判所がその旨を弁護士会に通知し，弁護士会では担当弁護士が被告人と面接して相談を受けることになります。なお，この申出は勾留場所の責任者にもできることになっています。）。
　また，貧困その他の事由により被告人の方で弁護人を選任することができないときは，裁判所に請求して，国選弁護人を選任してもらうこともできます。
　ついては，下記について回答してください。回答は，別紙の解答用紙に記入して（該当箇所に○印を付し，所要事項を記載すること。），5月24日までに当裁判所に必着するように返送してください。

記

1　被告人の方で弁護人（私選弁護人）を選任するかどうか。
2　貧困その他の事由により弁護人を選出することができないため，裁判所に国選弁護人の選任を請求するかどうか。

注意　・被告人の方で弁護人選出する場合は，速やかに弁護人選任届を提出してください。
　　　・国選弁護人の費用は，被告人が有罪の判決を受けたときは，原則として，被告人の負担とされます。ただし，被告人は，費用の負担を命じられた場合，裁判確定後20日以内に，裁判を言い渡した裁判所に対し，書面をもって，その裁判の執行免除の申立てをすることができます。

令和元年5月10日
　　　　東京地方裁判所刑事第20部　　　　電話　　　内線　　番
　　　　裁判長裁判官　　櫛　引　和　子　㊞

弁護人選任に関する回答書

東京地方裁判所刑事第20部　御中

　平成31年（刑わ）第1400号被告事件について，弁護人の選任に関し，次のとおり回答します。

1　被告人の方で弁護人（私選弁護人）を選出するかどうか。
　　　・至急選任する。
　　　・　　　　　　弁護士会を指定して弁護人の選任を申し出る。
　　　・　　月　　日，　　　弁護士会所属弁護士　　　を依頼した。
　　　・　　月　　日，弁護士会を指定して弁護人の選任を申し出た。
　　　・選任しない。

2　裁判所に国選弁護人の選出を請求するかどうか。
　　　・国選弁護人の選任を請求する。
　　　（理由）　ア　貧困のため
　　　　　　　　イ　その他の理由（具体的に書いてください。）
　　　　　　　　　　弁護人を知らないため。

　　　・国選弁護人の選任を請求をしない。

令和元年5月17日
　　　　　　　　　　　　被告人氏名　石　井　里　美　㊞
　　　　　　　　　　　　（電話番号　　　　　　　）

Ⅳ-**2**-9　弁護人選任に関する回答書
（ストーリーと関係なし）

▶▶▶Ⅳ 公　判

3　第1回公判期日後の準備手続

　第1回公判期日後は，裁判所も，充実した審理のために，準備を行う。公務所等に対する照会（279条），期日の指定・変更（273条・276条），公判期日外の証人尋問（281条），期日間整理手続（316条の28）などがあるが，証拠開示をめぐる議論がもっとも重要である。

4　公判前整理手続

(1) 総　説

　連日的開廷（281条の6第1項）による集中審理のために，受訴裁判所が第1回公判期日前に行う公判前整理手続（以下，整理手続という）が2004年の刑訴法改正によって新設された。

　すなわち，裁判所は，充実した公判の審理を継続的，計画的かつ迅速に行うため必要があると認めたとき，検察官および被告人または弁護人（以下，当事者という）の意見を聴いて，第1回公判期日前に，事件の争点および証拠を整理するための公判準備として，事件を整理手続に付する決定をすることができる（316条の2，規217条の2第1項）。整理手続は，裁判員裁判では必要的であるが（裁判員49条），それ以外の事件（任意的公判前整理手続事件）でも行われ，裁判員制度に先立って2005年11月から実施されている。

　受訴裁判所が当事者の主張や証拠に接することから，予断排除の原則（あるいは起訴状一本主義）に反するのではないかが議論された。伝統的な理解に従うと明らかに反するように思われるが，審理計画策定のために当事者双方の関与のもとに行う手続であるから公平性に欠けることはなく，予断排除の原則に反しないと考えられている。その限りで，予断排除の原則は修正されたというべきであるが，同原則は整理手続にも適用されている（316条の13第1項）。

　整理手続には検察官と弁護人の出席が必要的

Ⅳ-2-10　弁護人選任届（ストーリーと関係なし）
　被疑者または被告人（まれにその親族）が弁護人を選任した場合（私選弁護人の場合），その者と弁護人が連署（並んで署名・捺印〔指印〕すること）した弁護人選任届を，捜査機関（捜査段階）または裁判所（公判段階）に提出しなくてはならない（刑訴17・18条。ただし，刑訴規60条の2第2項参照）。

Ⅳ-2-11　国選弁護人選任書（ストーリーと関係なし）
　本件では，三上と早見に，いずれも捜査段階で国選弁護人が選任されたが（→37頁），通常は，国選弁護人候補者として登録した弁護士が弁護士会に赴き，起訴状（1審事件の場合），判決（控訴・上告事件の場合）などを読んで，事件を選び，受任の意思を表示すると，裁判長（単独体の場合は裁判官）が選任命令を発することによって弁護人となる。

で（316条の7），弁護人が出頭しないときなどは裁判所が職権で弁護人を付す（316条の8）。被告人も出席することができ，被告人の出頭が求められるときもある（316条の9）。

(2) 公判前整理手続の内容

整理手続の内容は，①争点整理，②証拠整理，③証拠開示，④審理計画に分かれる（316条の5）。①として，訴因・罰条の明確化（1号），訴因の追加，撤回，変更（2号），主張の明示と争点の整理（3号），②として，証拠調べの請求（4号），立証趣旨，尋問事項等の明確化（5号），証拠調べ請求に関する意見の確認（6号），証拠調べに関する決定（7号），証拠調べの順序，方法の決定（8号），証拠調べに関する異議に対する決定（9号），③として，証拠開示の裁定（10号），④として，公判期日の決定・変更，その他の決定（12号），がある。

整理手続の順序は，①検察官による証明予定事実の提示と証拠請求，②検察官による証拠開示（第1段階），③被告人・弁護人による予定主張の提示と証拠請求，証拠開示，④検察官による証拠開示（第2段階），⑤②と④の証拠開示に関する裁定，である。以下，個別にこれをみる。

(3) 争点整理・証拠整理

検察官は，事件が整理手続に付されたときは，公判期日において証拠により証明しようとする事実（証明予定事実）を記載した書面（証明予定事実記載書面）を裁判所に提出し，被告人または弁護人に送付しなければならない。この場合，検察官は，裁判所に事件について偏見または予断を生じさせるおそれのある事項を記載してはならず（316条の13第1項），「事件の争点及び証拠の整理に必要な事項を具体的かつ簡潔に明示しなければならない」（規217条の19）。公判期日において証拠により証明しようとする事実（証明予定事実）とは，検察官の冒頭陳述（296条）で明らかにされる事柄であるが，これまでは冒頭陳述では要証事実のみを明らかにし，要証事実と証拠の関係（証拠構造）は，証拠調べ請求で立証趣旨として明らかにされるのが一般的だった。整理手続では，証明予定事実の提示にあたって，「要証事実と証拠の関係」を具体的に明示することとされ（規217条の20），証拠構造の明示が義務的になったのである。

(4) 証 拠 開 示

ついで，検察官は，証拠調べの請求を行い（316条の13第2項），請求した証拠を，速やかに，被告人または弁護人に開示する（316条の14第1項）。「請求証拠の開示」という。299条の趣旨を前倒ししたものであるが，証人等について「その者が公判期日において供述すると思料する内容が明らかになるもの」，すなわち，その

証拠開示 手持ち証拠を相手方に開示することを証拠開示というが，刑事訴訟では特に検察官の手持ち証拠の開示を意味する。現行法が起訴状一本主義を採用し，検察官が捜査記録を起訴と同時に裁判所に提出することがなくなったため，検察官が供述調書を開示せずいきなり証人請求を行うと，被告人の側は証人の捜査官に対する供述内容を知らないまま反対尋問せざるを得ないようになる。さらに，検察官が被告人に有利な証拠を開示しないこともあり得る。

そこで，証拠開示が問題となった。現行法のもとで新たに発生した重要な問題のひとつである（旧法のもとでは，検察官は起訴と同時に捜査記録〔一件記録〕を裁判所に提出したから，弁護人は，記録の閲覧によって，全ての証拠を見ることができた）。

最高裁は，当初，明文の根拠がないことを理由に消極的な態度をとったが（最決昭和34・12・26刑集13巻13号3372頁），やがて，訴訟指揮権に基づき，証拠調べに入った段階で（＝事後的に），個別に，開示を命ずることができるとした（最決昭和44・4・25刑集23巻4号248頁）。

こうして，判例は，事前（＝第1回公判期日前）の全面開示を否定した。しかし，公判前整理手続における証拠開示は，立法的に，事前の，かつ従来の個別開示をはるかに超える開示（ただし，全面開示ではない）を実現した。なお，公判前整理手続を経ない事件では，依然判例による証拠開示しかないことになるが，実際には，公判前整理手続に準じて証拠開示が行われているので，証拠開示に関する判例は，その役割を終えたことになる。

▶▶▶Ⅳ 公　判

供述録取書（または証言予定内容を記載した書面）の開示の義務づけは299条を超えるものである。なお，2016年の法改正で，証拠の一覧表の交付制度も導入された（316条の14第2項）。

　さらに，請求証拠以外の証拠で，以下のいずれかの類型に該当し，かつ，検察官請求証拠の証明力を判断するために重要であると認められるものについて，被告人または弁護人から開示の請求があった場合，検察官は，その重要性の程度その他被告人の防御の準備のために当該開示することの必要性の程度ならびに当該開示によって生じるおそれのある弊害の内容および程度を考慮し，相当と認めるときは，速やかに，証拠開示をする（316条の15）。「類型証拠の開示」という。

　類型証拠として9種類がある。順に，①証拠物（同1号），②検証調書（2号），③実況見分調書等（3号），④鑑定書等（4号），⑤検察官が証人尋問を請求した者の供述録取書等（5号イ），⑥検察官が取調べを請求した供述録取書等の供述者であって，当該書面の同意がなされない場合には検察官が証人尋問を予定している者の供述録取書等（5号ロ），⑦そのほか被告人以外の者の供述録取書等であって，検察官が特定の検

察官請求証拠により直接証明しようとする事実の有無に関する供述を内容とするもの（6号），⑧被告人の供述録取書等（7号），⑨取調べ状況の記録に関する準則に基づき，捜査機関が職務上作成することを義務づけられている書面で，身体の拘束を受けている者の取調べに関し，その年月日，時間，場所その他の取調べ状況を記録したもの（8号），および⑩証拠物の押収手続記録書面（9号・316条の15第2項）である。

　以上の「請求証拠の開示」と「類型証拠の開示」が，いわば第1段階の証拠開示で，被告人または弁護人は，検察官の証明予定事実の提示と第1段階の証拠開示を受けたときは，検察官請求の証拠について証拠意見を明らかにし（316条の16），被告人側の予定主張があるときは，これを明示しなければならない（316条の17第1項）。その書面を「予定主張記載書面」という。また，その証拠の取調べを請求し（同2項），検察官に開示しなければならない（316条の18）。

　被告人側に主張明示義務を課したことになるが，被告人の自己負罪拒否特権（あるいは黙秘権）と抵触しないかが問題になる。しかし，その段階では，既に検察官から請求証拠と類型証拠の開示がなされているから，被告人側の主張明示が被告人に不利益となる余地は少なく，また，黙秘権を行使することを妨げるものではないから，自己負罪拒否特権を侵害することはない。

　被告人側が主張を明示した場合に，被告人側から請求があったときは，検察官は，請求証拠や類型証拠以外の証拠であって，主張に関連すると認められるものについて，その関連性の程度，防御にとっての必要性の程度，弊害の内容程度を考慮し，相当と認めるときは，速やかに，証拠開示をする（316条の20）。「主張関連証拠の開示」という（または「争点関連証拠の開示」）。被告人側には，請求する場合，証拠を識別するに足る事項，証拠の主張関連性，その他防御にとっての必要性の明示義務があるが（316条の20第2項），この第2段階の「主張関連証拠の開示」によって，新たな争点が設定され，それに基づく新たな「主張関連証拠の開示」がさら

Ⅳ-2-12　証明予定事実記載書面（→75頁，84頁）

になされることもある。

こうして，整理手続では，「請求証拠」，「類型証拠」，「主張関連証拠」の証拠開示がなされることになるが，それぞれの段階で当事者間で争いが生じた場合，裁判所が裁定することになった。証拠開示に関する裁判所の裁定には3種類があり，①証拠開示の時期，方法あるいは開示の条件に関する裁定（316条の25），②証拠開示命令（316条の26），③以上の裁定にとって必要な場合における証拠提示命令（316条の27第1項）と証拠の標目を記載した一覧表の提示命令（同2項），である。

なお，証拠開示制度の拡充にともなって，開示された証拠の取扱いについて，弁護人はこれを適正に管理し，みだりにその保管を他人に委ねてはならず（281条の3），被告人および弁護人は，これを開示された目的以外の目的に使用することが禁じられ（281条の4第1項），新たに目的外使用の罪が定められた（281条の5）。

(5) 公判手続の特則

整理手続は，数か月にわたることがあり，裁判所は，整理手続の終了時に，当事者との間で，事件の争点および整理手続の結果を確認しなければならない（316条の24）。つぎにみるように，公判において新たな証拠調べ請求は制限される（316条の32）からである。

整理手続に付された事件の公判は，弁護人がなければ開廷することができない（316条の29）。整理手続は必要的弁護なので，公判手続も必要的弁護なのである。

整理手続で弁護側が主張を明示したときは，弁護側も，検察官の冒頭陳述に引き続き，冒頭陳述をしなければならない（316条の30）。裁判員裁判では，冒頭陳述で，証拠との関係（＝証拠構造）を明示しなければならない（裁判員55条，刑訴316条の30）。なお，裁判員制度では整理手続が必要的であるから，弁護側の冒頭陳述も必要的である。

裁判所は，公判で，当事者の冒頭陳述の後，整理手続の結果を明らかにしなければならない（316条の31）。これを「整理手続の結果の顕出」という。結果の顕出は，整理手続調書の朗読

IV-**2**-13　類型証拠開示請求書（→84頁）

IV-**2**-14　予定主張記載書面（→84頁）

89

▶▶▶Ⅳ　公　判

（またはその要旨の告知）によってなされるが（規217条の29），裁判員，被告人，傍聴人にわかりやすい言葉で説明すべきであろう。

　整理手続に付された事件について，当事者は，「やむを得ない事由」がある場合を除き，整理手続が終わった後は証拠調べ請求ができない（316条32）。新たな証拠請求が制限されたのである。「やむを得ない事由」により請求できなかった証拠は，その事由がやんだ後，その事由を疎明して（規217条の30），できる限り速やかに請求しなければならない（規217条の31）。ただし，争点整理の拘束力については規定されなかったから，公判で新たな争点が浮上すれば，その証拠調べは行われることになる。

(6)　期日間整理手続

　裁判所は，審理の経過にかんがみ必要と認めるときは，当事者の意見を聴いて，第1回公判期日後に，事件の争点および証拠の整理をするための公判準備として，期日間整理手続の決定をすることができる（316条の28第1項）。期日間整理手続は，公判前整理手続に準じて行われる（316条の28第2項）。

Ⅳ-2-16　鑑定命令（→84頁）

平成31年（刑わ）第1300号　殺人・死体遺棄・覚せい剤取締法違反被告事件
被告人　早見圭司

鑑定命令

令和　元年　6月　26日

東京地方裁判所　刑事第3部
　　裁判長裁判官　石　塚　道　夫　㊞
　　裁判官　浅　見　直　美　㊞
　　裁判官　佐々木　誠　㊞

　弁護人の請求に基づき，医師田崎義博に対し，本件ハンカチ（平成31年検押第2500号）を対象試料として，これに被告人および三上弘敏の血液型またはDNA型物質の付着が認められるか否かの鑑定を命ずる。

Ⅳ-2-15　主張関連証拠開示請求書（→84頁）

平成31年（刑わ）第1300号　殺人・死体遺棄・覚せい剤取締法違反被告事件
被告人　早見圭司

主張関連証拠開示請求書

東京地方検察庁　検察官　高　橋　浩　一　殿

令和　元年　5月　24日

弁護人　二　木　貴　子　㊞

　弁護人は，刑事訴訟法316条の20に基づき，本件覚せい剤使用について被告人の逮捕前の行動に関する捜査結果を記載した書面（警察官の備忘録を含む）の開示を請求する。
　その理由は以下のとおりである。
　予定主張記載書面で明らかにしたように，被告人は，平成30年11月末ころを最後に覚せい剤を使用していない。
　そして，被告人は，逮捕された平成31年3月30日の2週間前から逮捕されるまでの自らの行動について，ありのまま供述し，捜査当局も，その裏付け捜査をしているはずである。
　しかるに，検察官による開示証拠にはこの点に関する証拠が含まれていない。
　そこで，本件覚せい剤使用について被告人の逮捕前の行動に関する捜査結果を記載した書面（警察官の備忘録を含む）を，主張関連証拠として，開示するよう求める。

以　上

▶▶▶ 2　公判の準備手続

Ⅳ-**2**-17　公判前整理手続

裁判員裁判事件で必要的な公判前整理手続　（裁判員 49 条）

内　容

① 争点整理（316 条の 5 第 1 号～3 号）
② 証拠整理（同 4 号～9 号）
③ 証拠開示（同 10 号）
④ 審理計画（同 12 号）

特　徴

・受訴裁判所が主宰
・検察官と弁護人の出席が必要（必要的弁護）

公判前整理手続の流れ

① 検察官による証明予定事実の提示と証拠請求（316 条の 13）

② 検察官による証拠開示（第 1 段階）：請求証拠（316 条の 14）と類型証拠（316 条の 15）

③ 被告人・弁護人による証明予定事実の提示と証拠請求（316 条の 17）と証拠開示（316 条の 18）

④ 検察官による証拠開示（第 2 段階）：争点関連証拠（316 条の 20）

⑤ ②と④の証拠開示に関する裁定（316 条の 25～316 条の 27）

⑥ 争点の証拠と整理結果の確認（316 条の 24）

公判前整理手続を経た事件の第 1 回公判期日の特徴

・任意的整理的手続事件も必要的弁護（316 条の 29）
・弁護側の必要的冒頭陳述（316 条の 30）
・整理手続の結果の顕出（316 条の 31）
・新たな証拠調べの制限（316 条の 32）

cf. 期日間整理手続（316 条の 28）は公判前整理手続に準ずる。

91

▶▶▶Ⅳ 公 判

❸ 公 判 手 続

❀ story ⑪ ❀ （84頁より）

11月中旬の月曜日の午前中，裁判員選任のための期日が開かれた（呼出状→74頁，質問票→74頁）。検察官は，裁判員候補者のうち2名について，弁護人は，うち3名について理由を示さない不選任の請求をしたが，その日のうちに，6名の裁判員，1名の補充裁判員が選任された。

当日午後，第1回公判が開かれた。冒頭，二木弁護士は，「刑事3部の裁判官は，捜査段階で，弁護人から申し立てられた勾留および勾留取消しに関する準抗告を棄却する決定を下していて，証拠の一部を見ており，予断を抱いている」として裁判官全員は回避すべきであると主張したが，拒否されたため，裁判官全員の忌避を申し立てた（忌避申立書）。しかし，裁判所は，理由がないとして，直ちにこれを簡易却下した。

そこで，冒頭手続が開始され，検察官が起訴状を朗読し，裁判長が早見に黙秘権を告知したのち，罪状認否に移り，早見は公訴事実を全面的に否認し，二木弁護士も，被告人は全面的に無罪であると主張した。

冒頭手続が終わって，証拠調べに入り，検察官

の冒頭陳述（冒頭陳述書→96頁），弁護人の冒頭陳述が行われ，裁判長から公判前整理手続の結果が顕出され，検察官請求の証拠（証拠等関係カード（甲）→100頁参照）のうち証拠書類が同意書面として取り調べられたのち，本件捜査経過に従事した警察官，柴原の死体を解剖した法医学者笹本俊介，本件DNA鑑定をした技官三野佳枝，尿の押収に関する警察官，覚せい剤鑑定に関する技官の各証人尋問が行われた。三野は，ハンカチの血痕の血液型とDNA型は柴原の血液型とDNA型と一致した旨証言した（証人尋問調書→102頁）。

2日目の第2回公判期日では，弁護側のDNA鑑定に関する法医学者田崎義博の証人尋問が行われた。田崎は，ハンカチの血痕以外の部分から血液型とDNA型物質が検出され，三上の血液型（A型の分泌型）とDNA型と一致することが分かったが，早見の血液型（B型の分泌型）とDNA型と一致するものは発見されなかったと証言した。証言後，検察官は，田崎の鑑定書に対する不同意の意見を撤回して同意したため，鑑定書は同意書面として取り調べられた。

2日目の午後，三上の証人尋問が行われた（証

❀ story ⑫ ❀

人召喚状→101頁，宣誓書→101頁）。三上は，主尋問では，捜査段階および自分の裁判での供述を維持したが，弁護人の反対尋問で，事件後早見のアパートを訪ねたことを認め，ハンカチに関するDNA鑑定の結果を突きつけられて，柴原から呼び出しを受けナイフを所持して一人で出掛けたこと，柴原にナイフを示したところ，柴原は驚きもせず，逆にナイフを取り出して反撃してきたこと，そこで，柴原と格闘になり，柴原の腕を自分のナイフで刺したこと，自分には空手の心得があったので，柴原のナイフを奪い取り，それで柴原の胸を刺して柴原を殺したこと，柴原の死体を海に投げ捨てたこと，その後，手に付いた血をハンカチで拭き，柴原のナイフは現場から少し離れた場所から海に捨てたこと，自宅に帰って考えたが，早見も同じように脅されており，いっそのこと柴原を殺したらどうだろうと話し合ったことがあったので，早見と一緒にやったと言えば，罪が軽くなると考えたこと，そこで，早見のアパートを訪ね，トイレに行くふりをして，トイレ脇の物入れに柴原の血の付いたハンカチを置いてきたこと，警察

に逮捕され，最初は自分1人でやったと供述したが，捜査官から「共犯者がいるのではないか」と言われたために，つい早見が共犯者だと言ってしまったこと，何度も念を押されるうちに，否定できなくなってしまったこと，本当は自分1人でやった，今では大変申し訳ないことをしたと思っていることなどを涙ながらに供述した（証人尋問調書→103頁）。

これに対し，検察官は，三上に，検面調書の内容と署名を確認し，同調書を刑訴法321条1項2号に基づいて請求したが（証拠調べ請求書），裁判所（裁判官3名）は，相反性の要件は充たしているが，特信性の要件に欠けるとして，これを却下した。これに対し，検察官は異議を申し立てたが，裁判所（裁判官3名）は，異議を棄却した。

3日目の第3回公判期日で，検察官は，早見の捜査段階での自白調書を請求したが，弁護人は，黙秘権を実質的に否定する方法で取調べが行われ，任意性がない旨主張したため（意見書→117頁），警察官および検察官の取調べの模様を録画したDVDが取り調べられ，取調べ警察官倉本の証人尋問が行われた。裁判所は，自白調書の証拠能力

92

▶▶▶ 3　公 判 手 続

🕮 *story* ⑬ 🕮

については判決で判断を示すとして，自白調書を取り調べて，検察官請求の証拠調べを終えた。ついで，弁護側の証人として，稲口組の組員で柴原の兄貴分にあたる西城が証言台に立ち，「柴原は日頃から両刃のナイフを護身用に携帯していた」と証言した。ついで，殺人事件に関する早見の被告人質問が行われた。

4 日目の第 4 回公判で，覚せい剤使用について証拠調べが行われ，早見が供述するとおり，逮捕の 5 日前には早見は伊豆に旅行していたことが証拠上も明白になった。しかし，覚せい剤の鑑定結果自体には疑問はないと考えた検察官は，覚せい剤使用の時期を 2 週間ほどの幅のある期間とし，使用の場所を早見のアパートの所在地である東京都大田区またはその周辺と訴因を変更する旨請求した（訴因変更請求書→98 頁）。弁護人は，訴因が不特定で変更は許されないと異議を申し立てた

が，裁判所（裁判官 3 名）は，訴因変更を許可した。

こうして，すべての証拠調べを終え，検察官による論告・求刑（懲役 12 年），弁護人の弁論が行われ，最後に，柴原の妻郁子が「柴原は夫としてはやさしかった。三上とは示談したが，柴原を殺した早見を許すことはできない。厳罰に処してもらいたい。自分としては懲役 20 年を求刑したい。また，損害賠償として，早見に，三上から受け取った 1000 万円のほかに，2000 万円を支払うよう命じてほしい」旨の意見陳述・求刑を行い，損害賠償の申立てを行った（損害賠償命令申立て）。

裁判長は，判決期日を翌金曜日午後 1 時と指定して，期日を終えた。

裁判所（裁判官 3 名＋裁判員 6 名）は，直ちに評議に入り，午後 9 時に，全員一致の評議に基づき，結論に達した。

（123 頁へ）

弁論の分離・併合

公判手続は，必要に応じ，分離，または併合されることがある。これを弁論の分離・併合という（313 条 1 項）。公判手続の最後に当事者が行う論告と（最終）弁論も弁論（狭義）と呼ばれるが，ここでいう弁論（広義）とは公判手続（審理）そのものの意味である。1 人の被告人が複数の公訴事実で起訴された場合，弁論が併合されたほうが被告人にとって科刑上も利益である。また，共通の公訴事実で複数の被告人が起訴された場合，証拠調べを共通にし事実認定を合一的にするためにも（合一確定の利益），弁論を併合する必要がある。併合された事件の複数の被告人を共同被告人と呼ぶ。しかし，複数の被告人の防御方法が異なり，利益が相反する場合には，裁判所は，被告人の権利を保護するために，弁論を必ず分離しなければならない（必要的分離）（313 条 2 項）。ただし，弁論が分離されても，裁判所が異なることにはならず，同じ裁判所が，別々に，手続を進めるというのがわが国の実務である。そこで，同じ裁判所が，一方の手続では，捜査段階での供述調書を読み，他方の手続では，証人の証言を聞くという「分裂」した事態が現出することになる。

公判手続の更新

開廷後裁判官が交代した場合などに，手続をやり直すことを公判手続の更新という（315 条）。実際には，「従前のとおりでよろしいですね」という一言で済まされることも稀ではない。しかし，証拠調べの結果を直接，自分の目で観，耳で聴いていない者が，最終的な判断（裁判）を下すことを認めるわが国の制度は，世界的にも稀で，調書に依存する裁判（調書裁判）は，更新が恒常化したわが国の裁判の必然的な結果でもある。

裁判員が関与する裁判員制度のもとでは，補充裁判員が選ばれ，審理に関与することもあって，公判手続が更新されることは原則としてない。

弁論の再開

裁判所は，終結した審理を再開することができる（313 条 1 項）。これを弁論の再開という。ここにいう弁論は広義の公判手続（審理）の意味である（広義）。従来の主張立証が不十分であったことや弁論終結（結審）後に生じた事情などを原因とする。弁論が再開されると結審前の状態に戻って手続が進められ，再び弁論（狭義）が行われて終結することになる。

93

IV 公 判

1 公判手続の流れ

(1) 冒頭手続

(a) 総 説

第1回公判期日のはじめに行われるのが冒頭手続である。

冒頭手続は，①被告人の人定質問，②検察官による起訴状朗読，③裁判所による黙秘権の告知，④被告人・弁護人の事件に対する陳述（罪状認否）から成るが（291条），被告人の陳述に先立ち，弁護人による起訴状に関する求釈明が行われることもある（なお，第1回公判期日に冒頭手続が終了しないと，実質的な意味での第1回公判期日は終了しないから，勾留に関する処分は，受訴裁判所ではなく，引き続き裁判官が行うことになる〔280条1項〕）。

被告人が罪状認否で，公訴事実を認め，かつ，有罪であることを認めたときは，裁判所は，簡易公判手続に移行することもできる。

冒頭手続が終わると証拠調べ手続（広義）に移る。証拠調べ手続の冒頭に行われるのが，検察官の冒頭陳述で，裁判員裁判では引き続いて弁護人の冒頭陳述が行われる。ついで検察官の証拠調べ請求が行われ，弁護人の証拠意見を聞いて，裁判所は証拠決定したうえで，それぞれの証拠調べ手続（狭義→99頁）を行う。

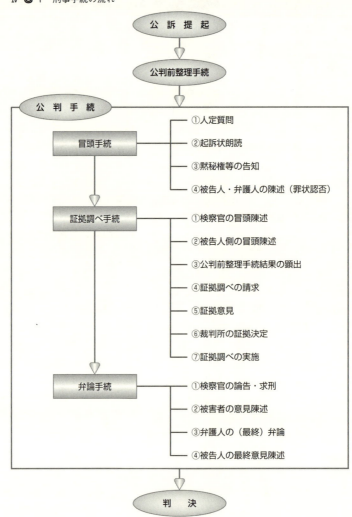

IV-3-1 刑事手続の流れ

▶▶▶ 3 公 判 手 続

Ⅳ-❸-2　第1回公判調書（→92頁）

	裁判長（官） 認　印	印

平成 31 年（刑わ）第 1300 号

第 1 回　公判調書（手続）

被 告 人 氏 名	早見圭司	出　頭
被 告 事 件 名	殺人・死体遺棄・覚せい剤取締法違反	
公判をした年月日	令和元年 11 月 11 日	
公判をした裁判所	東京地方裁判所刑事第 3 部	
裁　判　官	裁判長裁判官　石塚道夫 裁判官　浅見直美 裁判官　佐々木誠	
裁 判 所 書 記 官	安原美香子	
検　察　官	高橋浩一	
出頭した弁護人	二木貴子	

人定質問

被告人

　本籍、住居、職業、年齢は起訴状記載のとおり

回避の勧告

弁護人

　　刑事第 3 部の裁判官は、被告人早見に対する捜査段階で、当時の弁護人二木貴子が申し立てた勾留に関する準抗告を却下する決定を下しており、本件に関する証拠の一部を読んでいて、本件について予断を抱いており、予断排除の原則あるいは起訴状一本主義の原則に反する事態が現出しているから、裁判官全員は回避すべきである。

1

裁判長

　弁護人が主張する事実は、回避の理由に該当しないから、裁判官全員は回避しない。

忌避の申立て

弁護人

　　裁判官全員が自発的に回避しないのなら、別紙忌避申立書記載のとおり、裁判官全員の忌避を申し立てる。

裁判長

　訴訟を遅延させる目的のみでなされたことが明らかであるから、忌避の申立てを却下する。

被告事件に対する陳述

被告人

　　公訴事実は、いずれも全面的に否認します。私は、本件殺人の現場に行ったことはなく、覚せい剤の使用についても、その頃は伊豆に旅行中で、私にはアリバイがあります。

弁護人

　　被告人と同様であり、被告人は、本件公訴事実につき、全面的に無罪である。被告人は柴原殺害について被告人三上と共謀したことはもとより、本件殺人現場に赴いたこともなく、本件殺人及び死体遺棄事件には全く関与していない。また、本件覚せい剤取締法違反についても、被告人が覚せい剤を使用した事実はなく、無実である。

検察官の冒頭陳述

　　別紙冒頭陳述書記載のとおり

証拠調べ等

　　証拠等関係カード記載のとおり

指定告知した次回期日

　　令和元年 11 月 12 日、11 月 13 日、11 月 14 日、11 月 15 日

　　令和元年 11 月 11 日
　　　　東京地方裁判所刑事第 3 部
　　　　　裁判所書記官　安原美香子 印

2

Ⅳ-❸-3　通常第1審における自白事件および否認事件の割合（％）（地裁・簡裁）

	地　裁								簡　裁	
	総　数		法定合議		裁定合議		単　独			
	自　白	否　認	自　白	否　認	自　白	否　認	自　白	否　認	自　白	否　認
2012	89.7	8.8	62.9	35.1	39.3	60.2	91.7	6.9	92.4	4.1
2013	88.5	10	61.8	36.3	37.4	62.1	90.6	7.9	87.9	9.2
2014	89	9.4	65.2	32.7	35.7	63.9	90.8	7.5	92.9	4.3
2015	89.2	9.1	64.3	33.3	43.4	55.6	91.0	7.4	92.2	4.4
2016	88.6	9.6	63.4	34.2	42.6	56.9	90.4	7.9	92.3	4.2

（注）　自白事件と否認事件の合計が 100％ とならないのは、被告事件についての陳述に入らずに終局した事件があるためである。

裁判官に対する忌避申立て

　弁護人によって裁判官の忌避申立てが行われることはさほどあることではない。また、裁判官の忌避申立てが認められることはきわめて稀で（裁判官が起訴前手続に関与したことやその訴訟指揮の内容は、忌避の理由にならないとされている）、刑訴法 24 条によって簡易却下されることがほとんどである。

起訴状に対する求釈明

　否認事件の場合、弁護人は、争点を明確にするため、起訴状に対する求釈明をすることがある（規 208 条 1 項）。検察官が釈明すると、訴因の内容となるが、釈明せず、冒頭陳述などで明らかにした場合は、直ちに訴因の内容にならないという実質的な違いがある。

▶▶▶IV 公 判

冒頭陳述書

東京地方裁判所 刑事第3部 御中

令和 元年 11月 11日

殺人・死体遺棄・覚せい剤取締法違反　　　早見圭司

東京地方検察庁
検察官 検事 高 橋 浩 一 ㊞

検察官が証拠により証明しようとする事実は、下記のとおりである。

記

第一　被告人の身上・経歴

一　被告人は、平成3年9月14日、ガソリンスタンドを経営する父肇と母紗子の三男として広島市内で出生し、共犯者三上弘敏（以下、三上という）と同じ広島市内の私立高校を卒業し、東都大学法学部を経て、平成26年4月、一部上場企業である矢崎建設に入社し、主として、総務及び法務の分野に携わってきたものである。

二　三上は、平成3年11月8日、建設会社に勤務する父秀男と母みき子の長男として山口県岩国市内で出生し、広島市内の私立高校を卒業し、洛北大学法学部を経て、平成26年4月、わが国最大手の広告代理店である太陽社に入社し、主としてその営業部門を担当してきたものである。

第二　本件殺人・死体遺棄事件に至る経緯

一　被告人と三上（以下、被告人らという）は、高校時代、同じサッカー部に所属していたことなどから親友どうしであり、卒業後もときおり連絡を取り合っていたが、ともに単身東京で働くようになったため、最近では月に1、2回程度は会って酒を飲み、お互いの悩みを話し合うような関係にあった。

二　一方、本件殺人・死体遺棄の被害者である柴原淳も、高校時代、被告人らと同じサッカー部に所属し、当時は、被告人らと親友どうしであったが、父親が事業に失敗し大

1

学進学を断念せざるを得なくなったことなどをきっかけに素行が乱れはじめ、平成25年ころ、上京して、広域暴力団稲口組の構成員となり、正業を装ったいわゆる企業舎弟と呼ばれる金融会社に勤務する傍ら、営利の目的で覚せい剤常用者に覚せい剤を密売するなどの行為を行っていたものである。

三　三上は、平成29年3月ころ、渋谷駅付近で、柴原と偶然会い、その晩2人で飲み明かしたことをきっかけに、被告人も柴原が東京にいることを知らせ、その後3人で会うようになった。

そのような関係が続くうち、三上が仕事上のトラブルで憔悴していることを知った柴原は、元気がでる薬と称して、カプセル入りの覚せい剤数錠を三上に渡し、これを服用した三上は、急に体力・気力が充実したように感じたところから、被告人にも服用を勧め、以後、柴原から継続的に入手するようになった。

やがて、三上は、柴原からもらった錠剤に習慣性があることに気付き、被告人と相談のうえ、柴原に錠剤の成分を問い質したところ、柴原は、被告人らに、それが覚せい剤であること、自分が稲口組の構成員であることを告白した。

四　被告人らは、柴原の告白に衝撃を受けたものの、覚せい剤といっても、それなりの効果があり、いつでも止められるような気がしたこともあって、それ以後も、柴原に依頼して覚せい剤を入手し、使用を継続したが、そのうち、対価を支払うようになり、直接腕などに注射して使用するようになった。

五　やがて、柴原は、被告人らの覚せい剤譲渡の要請に対し、直ちに応ずることをしなくなり、その対価を次第につり上げていったが、平成30年10月ころからは、被告人らに対し、覚せい剤の授受とは関係なく、「しばらくの間だが金を貸してほしい」などとの口実で、金員を要求するようになった。被告人らは、柴原の要求にしばらくは従っていたが、要求が次第にエスカレートし、やがて要求に応じなければ覚せい剤のことを会社にばらすなどと脅されるに落ち合って、柴原の要求にどう対処すべきか検討したが、妙案は浮かばず、逆に、三上において、平成30年11月から平成31年2月20日ころまでの間に、4回にわたって、現金合計150万円を、被告人において、平成31年1月ころから同年2月20日ころまでの間に、3回にわたって、現金合計50万円を、いずれも、柴原から脅し取られる事態となった。

第三　本件殺人・死体遺棄事件の犯行状況

一　被告人らは、平成31年2月28日午後8時ころ、三上方で、酒を飲みながら柴原の問題を話し合ううちに、三上において「こうなった以上、2人で柴原にきちんと話し、恐喝をやめさせるしかない」と言い出し、三上において柴原に連絡すること、その日時・

2

場所は、翌3月1日午後11時、晴海埠頭と決めたが、万一の場合に備えて、お互い、ナイフを用意して携行することにした。

二　翌1日午前11時ころ、三上において柴原の携帯電話に電話を入れ、同日午後11時に晴海埠頭に来てほしい旨伝えたところ、柴原はこれを了解した。三上は、直ちに被告人に連絡した。

被告人らは、同日午後10時ころ、それぞれかねてから持っていたナイフを携行して、自宅を出発し、本件犯行現場である晴海埠頭に向かった。

三　同日午後11時ころ、被告人らが待ち受ける本件犯行現場に柴原が現れ、被告人らは、高校時代の想い出などに言及しながら、柴原に恐喝行為をやめるよう説得したが、柴原が聞き入れようとしないので、同日午後11時15分ころ、三上は、所携の飛出ナイフ（刃渡り約11センチメートル）を取り出し、柴原にナイフを向けて、「いい加減にしろ。僕たちもいつまでも言いなりにならないぞ」と言ったところ、柴原は、逆に三上に殴りかかろうとしたので、被告人は、「三上、やってしま。やるしかない」などと叫びながら、所携のナイフ（刃体の長さ約16・5センチメートル）を取り出して、柴原の腹部付近をめがけて突き刺したが、路上に転倒した柴原が「お前ら、覚せい剤のことをバラされたら、どうなるのか分かっているのか」などと怒鳴ったため、三上も「早見、やってしまおう」などと言い、ここにおいて、被告人らは、柴原を殺害することについて共謀し、三上において柴原の右上腕部などを、被告人において柴原の胸部などをいずれも所携のナイフで突き刺したため、柴原は、即時同所において、失血により死亡した。

四　被告人らは、こもごも柴原の体を確かめ、呼吸が停止し、心音が聞こえないことから柴原が死亡したことを知ったが、犯行の発覚を防ぐためには、柴原の死体を処理するしかないと考え、共謀のうえ、柴原の着衣に付近にあったコンクリートの固まりなどを詰め込み、被告人らにおいて柴原の死体を担ぎ上げて、付近の埠頭からこれを東京湾に投棄し、もって、死体を遺棄した。

第四　本件各覚せい剤取締法違反事件の犯行状況
　　（略）

第五　情状
　　その他被告人の情状関係

以 上

3

IV-❸-4　冒頭陳述書（検察官）（→92頁）
　　本例は、物語式の冒頭陳述である。

96

▶▶▶ 3 公判手続

（b） 審判の対象

公訴事実は，訴因として起訴状に記載される（256条3項）。したがって，訴因とは検察官の主張ということができるが，訴訟は流動的であるから（訴訟の動的性格），当初の訴因のままでよいのかが問題になることがある。これを訴因の変更の問題といい，訴因変更の要否，可否，許否の3つに分けられる。

訴因変更の要否（訴因の変更が必要か否か）とは，判決で認定される「罪となるべき事実」が，訴因の同一性の範囲内であれば，訴因の変更は必要ではなく（そこで，「大は小を兼ねる」あるいは縮小認定と呼ばれる），訴因の同一性の範囲を超えるとき，訴因の変更が必要である，ということである。つまり，訴因変更の要否は，訴因の同一性あるいは訴因の拘束力の問題にほかならない（関連する問題として，罰条変更の要否の問題があるが，これは，起訴時と判決時で，事実にではなく，事実に対する法的評価に変動がある場合である）。

訴因変更の可否（訴因の変更が可能か否か）とは，変更後の訴因（B）が，当初の訴因（A）の公訴事実の同一性の範囲内であれば，可能であり，これを超えると，不可能である，ということである。その理由は，公訴事実の同一性の範囲内であれば，同一の手続内で処理されるべき事件であり，公訴事実の同一性の範囲を超える場合は，もともと訴因Bは訴因Aと両立することを意味し，訴因Aと別に起訴すべきだったからである。つまり，訴因変更の可否は，公訴事実の同一性の有無に帰着し，刑訴法312条1項が規定しているのがこの問題である。

訴因変更の許否（訴因の変更を許すべきか否か）とは，比較的最近問題になったことで，訴因の変更が可能である場合に，訴因の変更を許すことに特に問題がない場合には許され，時期的に問題がある場合には許されない，ということである。そこで，訴因変更の許否の問題は，訴因変更の時間的制限の問題とも呼ばれる。

なお，検察官による訴因の変更は，公訴提起の場合と同様に，書面による必要がある（規209条）。実質的に起訴状の書き直しを意味するからである。

以上とは別に，訴因はそれ自体として特定されていなくてはならないという訴因の特定の問題がある。

訴因変更命令　裁判所は，検察官に対し，訴因の変更を命じることができる（312条2項）。これを訴因変更命令という。しかし，訴因変更命令によって訴因が変更されるのではなく，検察官がこれに従って訴因の変更を請求し，裁判所がこれを許可することによってはじめて，訴因が変更される。すなわち，訴因変更命令に形成力はない（判例）。

つまり，訴因の変更は検察官の権限であるから，裁判所が検察官に訴因の変更を促すべき場合があるとはいえても，これを命ずる義務があるとまではいえない。判例の中には訴因変更命令の義務を肯定したものもあるが，上のように考えるのが現在の通説であり，刑訴法312条2項は，事実上空文化しているといってよい。したがって，現在では，裁判所によって訴因変更命令が下されることはほとんどない。

97

▶▶▶Ⅳ 公 判

Ⅳ-❸-5　訴因変更の要否・可否

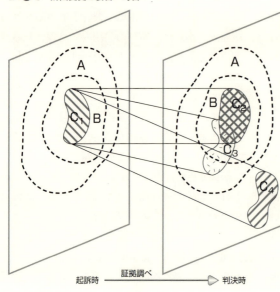

A　公訴事実の同一性
B　訴因の同一性
C_1　訴因（起訴状記載の公訴事実）
C_2, C_3, C_4　判決の罪となるべき事実

C_2は B の枠内→訴因変更は不要（要否の問題）
C_3は B の枠外で，A の枠内→訴因変更が必要（要否の問題）
　　　　　　　　　　　　　　　　訴因変更は可能（可否の問題）
C_4は A の枠外→訴因変更は不可能（可否の問題）
（別事件として起訴すべき）

起訴時　　証拠調べ　　　判決時

平成 31 年（刑わ）第 1300 号

訴因変更請求書

東京地方裁判所　刑事第 3 部　御中

令和元年 11 月 14 日

東京地方検察庁
検察官　検事　　　高 橋 浩 一　㊞

被告人　　　　　　早 見 圭 司

　上記の者に対する殺人・死体遺棄・覚せい剤取締法違反被告事件の平成 31 年 4 月 19 日付け起訴状記載の公訴事実第三記載の訴因を，下記のとおり，変更することを求める。なお，罪名及び罰条には変更はない。

記

　被告人は，法定の除外事由がないのに，平成 31 年 3 月 16 日ころから同年 3 月 29 日ころまでの間，東京都品川区中延 3 丁目 4 番 6 号平和ハイツ 206 号室被告人方またはその周辺において，覚せい剤であるフェニルメチルアミノプロパンを含有する水溶液を自己の身体に注射し，もって覚せい剤を使用したものである。

Ⅳ-❸-6　訴因変更請求書（→ 93 頁）
　検察官は，覚せい剤の最終使用行為を起訴しているので，2 つの訴因は両立せず，公訴事実の同一性は認められる。問題は，新たな訴因の日時場所に幅があることで，訴因として特定しているか否かである。

▶▶▶ 3 公判手続

(2) 証拠調べ手続

当事者主義でのもとでの証拠調べは，当事者の請求に基づいて行うのが原則で（298条1項），裁判所の職権による証拠調べは補充的である（同2項）。

証拠調べは，まず，検察官による立証，ついで，被告人側の立証の順で行われる（規199条）。

検察官は，すべての証拠の取調べを請求しなければならない（規193条1項）。五月雨（さみだれ）式の立証を許さない趣旨である。実務上，被告人に関する証拠を乙号証，それ以外の証拠を甲号証と呼ぶ。公判廷外の自白は犯罪事実に関する他の証拠が取り調べられたのちでなければ取調べの請求ができないとされていることから（301条），すべての事件で，甲号証，乙号証の順に取り調べられ，争いのある事件では，乙号証の請求は，甲号証の取調べ終了後に行われる。

証拠調べの請求にあたっては，証拠と証明すべき事実との関係（立証趣旨）を明示しなくてはならない（規189条1項）。そして，冒頭陳述とは，証拠によって証明すべき事実を総括的に述べたものということができる。

刑事裁判の証拠は，まず，裁判上の証拠にできる証拠能力（証拠の適格性）を必要とし，これが肯定されたものについて，その証拠価値，すなわち証明力が吟味される。その詳細は，後述するが（→V証拠と事実認定），証拠調べの方法との関係では，証拠書類（書証），証拠物（物証），証人・鑑定人・被告人（以上，人証）に区別

され，それぞれ，朗読（または要旨の告知），展示，尋問（被告人の場合は質問）という方法で調べられる（305条・306条・304条・311条）。証拠物のうち，メモのように，書面の意義が証拠となるもの（証拠物たる書面）は，展示のほか朗読する（307条）。

ところで，わが国の刑事裁判では，検察官が請求した証拠書類に対し，弁護側が「同意」することも多く，その場合，同意された証拠書類は，同意書面（326条）として，まず取り調べられ（「異議なし」の証拠物も同じ），「不同意」のものについては，検察官が請求を撤回し，これに代えて，証人の尋問を請求するというかたちで進行する。弁護側が検察官請求の全ての証拠書類に同意することも稀ではなく（ほかに，伝聞例外によって捜査官に対する供述調書が証拠となることもある），その場合，検察官側の立証は書面の朗読だけで終了することになる。わが国の刑事裁判が「調書裁判」と呼ばれるゆえんである。

しかし，このような実務も変化しつつある。裁判員裁判では，素人の市民である裁判員に「調書を読み込む」ことを期待することは困難であるから，証人の供述を「耳で聞く」裁判という公判中心主義の原則に立ち返らざるを得ないからである。公判における「調書の朗読」も安易に行われるべきではないであろう。いずれにせよ，調書裁判からの離脱はわが国の刑事裁判における根本的な変化であり，裁判官裁判も含めて，引き続き取り組んでいくべき大きな課題である。

証拠調請求書　実務上，検察官は，証拠等関係カード（甲），（乙）に必要事項を記入して，裁判所に提出し，書記官が公判調書にこれを引用して，証拠調べ請求があったことを記録し，かつ，証拠等関係カード（甲），（乙）にその結果など必要事項を記入して，公判調書の一部とするという取り扱いがなされている（甲号証を記載したものが，「証拠等関係カード（甲）」であり，乙号証を記載したものが「証拠等関係カード（乙）」ということになる）。したがって，検察官による証拠調請求書は，実務上は用いられていない。

弁護人による証拠調べの請求は，書面が用意されることもあるが，その場合でも，書記官は，検察官の場合に倣って，証拠等関係カードを作成し，公判調書の一部にする。そこで，弁護人も，検察官と同様に，証拠等関係カードに必要事項を記入して，裁判所に提出する場合もある。

▶▶▶Ⅳ 公　判

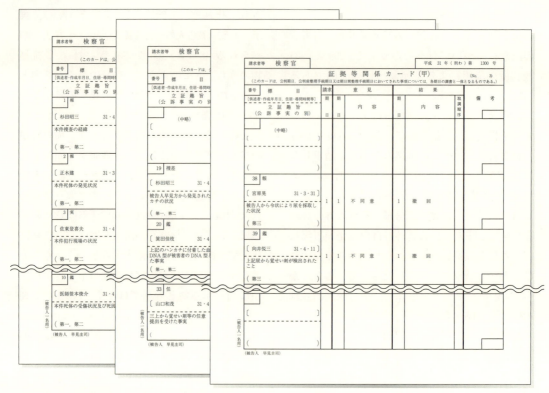

Ⅳ-❸-7　証拠等関係カード（甲）（→76頁，92頁）

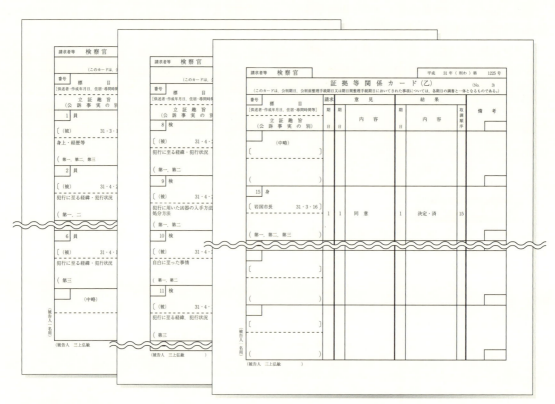

Ⅳ-❸-8　証拠等関係カード（乙）（→76頁）

Ⅳ-❸-9　略語表

1，2…	第1回公判，第2回公判……〔「期日」欄のみ〕	捜	捜索調書
準	準備手続	押	差押調書
準1，準2…	第1回準備手続，第2回準備手続……	捜押	捜索差押調書
※1，※2…	証拠等関係カード（続）「※」欄の番号1，2……の記載に続く	任	任意提出書
		領	領置調書
決　定	証拠調べをする旨の決定	仮　還	仮還付請書
済	取調べ済み	還	還付請書
裁	裁判官に対する供述調書	害	被害届，被害てん末書，被害始末書，被害上申書
検	検察官に対する供述調書		
検　取	検察官事務取扱検察事務官に対する供述調書	追　害	追加被害届，追加被害てん末書，追加被害始末書，追加被害上申書
事	検察事務官に対する供述調書		
員	司法警察員に対する供述調書	答	答申書
巡	司法巡査に対する供述調書	質	質取てん末書，質取始末書，質受始末書，質取上申書，質受上申書
麻	麻薬取締官に対する供述調書		
大	大蔵事務官に対する質問てん末書		
財	財務事務官に対する質問てん末書	寄　附	贖罪寄附を受けたことの証明
郵	郵政監察官に対する供述調書	嘆	嘆願書
海	海上保安官に対する供述調書	（謄）	謄本
弁　録	弁解録取書	（抄）	抄本
逆　送	家庭裁判所の検察官に対する送致決定書	（検）	検察官
告　訴	告訴状	（検取）	検察官事務取扱検察事務官
告　調	告訴調書	（事）	検察事務官
告　発	告発状，告発書	（員）	司法警察員
自　首	自首調書	（巡）	司法巡査
通　逮	通常逮捕手続書	（大）	大蔵事務官
緊　逮	緊急逮捕手続書	（財）	財務事務官
現　逮	現行犯人逮捕手続書	（被）	被告人

Ⅳ-❸-10　証人召喚状（→92頁）

```
平成 31 年（刑わ）第 1300 号

            証 人 召 喚 状

        栃木県大田原市大字寒井 1466 番地の 2
住　所
        黒羽刑務所（収容中）

証　人　三上弘敏　　　殿

  被告人早見圭司に対する殺人・死体遺棄・覚せい剤取締法違反被告事件
について，あなたを証人として尋問する旨決定しましたので，令和元年 11
月 12 日午後 1 時当裁判所第 528 号法廷（5 階）に出頭してください。

令和元年 10 月 28 日
    東京地方裁判所刑事第 3 部
        裁判長裁判官　　石 塚 道 夫 ㊞

注意
  1  出頭の際は，この召喚状と認め印を持参してください。
  2  出頭したときは，旅費，日当を請求することができます。
  3  病気その他やむを得ない事情で出頭できないときは，医師の診断書その他その事情
    を証する書面を添えて速やかに届け出てください。
  4  正当な理由がなく出頭しないときは，それによって生じた費用の賠償を命ぜられた
    り，勾引されたり，10 万円以下の過料または 10 万円以下の罰金若しくは拘留に処せ
    られたりすることがあります。
```

Ⅳ-❸-11　宣誓書（→92頁）

```
平成 31 年（刑わ）第 1300 号


            宣　　誓
            せん　せい

  良心に従って真実を述べ，
  りょうしん したが   しんじつ

  何事も隠さず，
  なにごと かく

  偽りを述べないことを
  いつわ   の

  誓います。
  ちか


          氏名　三 上 弘 敏 ㊞
          しめい              指印
```

▶▶▶Ⅳ 公 判

①「三上の被告人質問調書（三上の第１回公判）」
（→76頁）

平成31年（刑わ）第1225号　　裁判所書記官　田所真一 ㊞

被告人質問調書
（この調書は，第１回公判調書と一体となるものである。）

〜〜〜〜〜〜〜〜〜〜〜〜〜〜〜〜〜〜〜〜

弁護人
柴原君に対してどのように思っていますか。
　　　柴原君には本当に申し訳ないことをしたと思ってい
　　　ます。
柴原君はあなた方から恐喝していたわけですが，どうで
すか。
　　　それはそのとおりですが，だからといって，柴原君
　　　は殺されなくてはならなかったとは思いません。
確認しておきますが，柴原君の胸を刺したのは，誰です
か。
　　　早見君です。
あなたは柴原君を殺そうと思ったことがありますか。
　　　いいえ。ナイフを持っていったのは，脅すためで，
　　　殺そうと思ったことはありません。
早見君との間で柴原君を殺そうという話が出たことはあ
りますか。
　　　いいえ，ありません。

〜〜〜〜〜〜〜〜〜〜〜〜〜〜〜〜〜〜〜〜

Ⅳ-❸-12　被告人質問調書・証人尋問調書
　被告人質問調書や証人尋問調書の全てを示すこ
とは不可能である。
　ここではそのハイライト部分を示そう。

---

②「笹本俊介（鑑定人）の証人尋問調書
（早見の第１回公判）」（→92頁）

平成31年（刑わ）第1300号　　裁判所書記官　安原美香子 ㊞

証人尋問調書
（この調書は，第１回公判調書と一体となるものである。）

氏　名　笹　本　俊　介
年　齢　56歳
職　業　医　　師
住　居　横浜市港南区上大岡東１丁目２番３号

〜〜〜〜〜〜〜〜〜〜〜〜〜〜〜〜〜〜〜〜

検察官
被害者の死因についてはどのように判断されたので
しょうか。
　　　心臓を貫通する刺創による失血死と判断されま
　　　した。

〜〜〜〜〜〜〜〜〜〜〜〜〜〜〜〜〜〜〜〜

つまり，凶器は二種類の刃物であることは間違いあ
りませんね。
　　　はい。ご説明しましたように，本件の場合は，
　　　傷の形状を検討した結果，片刃のナイフと両刃
　　　のナイフが使われていることが明瞭に認められ
　　　ました。

---

③「三野佳枝（鑑定人）に対する証人尋問調書
（早見の第１回公判）」（→92頁）

〜〜〜〜〜〜〜〜〜〜〜〜〜〜〜〜〜〜〜〜

検察官
本件のDNA鑑定で使用した資料は何ですか。
　　　血痕の付着したハンカチと被害者の遺体から採
　　　取された血液です。
　（中略）
本件ハンカチに付着した血痕と被害者のDNA型が
一致する確率について，証人は，先ほど，血液型，
MCT 118型，４つのSTRの型の全てが一致したの
で，１億分の0.5，つまり，２億人に１人といわれま
したが，日本の人口は，約１億2600万人余りです。
そうすると，ハンカチの血痕は被害者に由来すると
ほぼ断定してもいいわけですか。
　　　出現頻度を絶対視することはできませんが，そ
　　　のように言っていいと思います。

〜〜〜〜〜〜〜〜〜〜〜〜〜〜〜〜〜〜〜〜

▶▶▶ 3 公 判 手 続

④「田崎義博（鑑定人）に対する証人尋問調書
（早見の第2回公判）」（→92頁）

弁護人
鑑定の結論を述べて頂くと，どういうことになり
ますか。
　　本件のハンカチから，A型の血液型物質及び
　　三上のDNA型に一致する型質が検出されま
　　した。
被告人は分泌型ですか。
　　はい。B型の強い分泌型です。従って，本件の
　　ハンカチが被告人のものだとするとB型の反
　　応があるはずです。
三上はどうですか。
　　Aの分泌型です。
本件鑑定の結果は，どのようなことを意味します
か。
　　本件ハンカチは三上によって使用されていた
　　と思われます。

弁護人
本件ハンカチについて新たな鑑定を試みたところ，早見君
の血液型物質やDNA型物質は検出されず，あなたの血
液型物質やDNA型物質が検出されたのですが，そのこ
とは知っていますか。
　　刑務所に先日刑事さんが訪ねて来られて聞かされまし
　　た。
そのことについて何か思い当たることはありますか。
　　ありません。
早見君のアパートから発見されたハンカチはあなたのものな
のではありませんか。
　　いいえ。違います。
それでは何故あなたの血液型物質やDNA型物質が付い
ているのですか。
　　分かりません。
あなたは事件後早見君のアパートを訪ねたことがあります
ね。
　　はい。早見君と事件のことについて相談するために，
　　事件から一週間くらいあとにアパートを訪ねました。
それは死体が柴原君と分かり新聞報道された直後のことで
すが，あなたは早見君と事件のことについて相談したので
はなく，柴原君が死んだことについて何も分からないと早見
君に言ったのではありませんか。
　　（答えない。）
どうしたのですか。
　　（泣きながら）済みません。そのとき柴原君の血

⑤「三上の証人尋問調書（早見の第2回公判）」
（→92頁）

検察官
あなたが柴原君にナイフを向けてどうなったので
すか。
　　最初，僕がナイフを出して柴原君に恐喝をや
　　めるように言ったのですが，柴原君が「お前
　　ら，そんな度胸があるのかよー」と言って，
　　全く相手にせず，逆に僕に殴りかかろうとし
　　ましたので，とっさにナイフを振って防戦し
　　たのですが，そのとき，僕の右隣にいた早見
　　君が，いきなり「三上，やるしかない」と叫
　　んで，柴原君の腹の辺りをめがけてナイフで
　　刺し，さらに倒れた柴原君の胸をナイフで刺
　　したのです。
早見が柴原君を刺したとき，止めようとはしなか
ったのですか。
　　まさか殺すとは思っていませんでしたので，
　　止めませんでした。

が付いたハンカチを早見君のアパートに置いてき
たのです。
ハンカチはあなたのものですか。
　　そうです。
早見君は柴原君を刺した現場にはいたのですか。
　　いませんでした。
柴原君を刺したのは誰ですか。
　　僕です。

検察官
被告人は現在も君の親友ですか。
　　早見君がどう思っているのかは分かりませんが，
　　自分ではそう思っています。
君が現在どのように証言しようと，君に対する刑は変
わらないことを知っていますか。
　　前の裁判で弁護士さんから聞いて知っています。
早見君が有罪になれば，君よりも刑が重くなるだろう
と思いますか。
　　これまで早見君が主犯だと言ってきましたので，
　　そうだとは思います。
（証人の検察官に対する平成31年4月3日付，同月5日
付及び同月6日付供述調書末尾の署名・指印を示す。）
これは，君の署名・指印に間違いありませんか。
　　はい。
この調書は，そのときの君の供述内容をそのまま記載
したものですか。
　　その頃そのように喋っていたことは事実です。

103

▶▶▶Ⅳ 公　判

⑥「西城隆一（稲口組組員）の証人尋問調書（早見の第3回公判）」（→93頁）

　弁護人
　柴原さんは護身用に何か身につけていませんでしたか。
　　　　いつも晒しを腹に巻いて，そこにナイフを差し込んでいましたね。
　どんなナイフでしたか。
　　　　香港で手に入れたとかという代物で，両方に刃がついている鞘付きのナイフだったと思います。
　長さはどのくらいですか。
　　　　全体が25センチくらいで，柄は半分より少し短かったと思います。

⑦「倉本健二（警察官）の証人尋問調書（早見の第3回公判）」（→92頁）

　検察官
　そうすると，当初，被告人は，本件殺人を頑強に否認していたわけですが，自白するようになったのは，何がきっかけだと思いますか。
　　　　証拠が揃っていることを悟ったためだと思います。
　どのような証拠がありましたか。
　　　　もっとも重要なのは，被告人のアパートのトイレの脇から発見されたハンカチで，DNA鑑定の結果，柴原の血液が付着していることが判明しました。
　（中略）
　弁護人
　あなたは，取調べでDNA鑑定について何か被告人に説明したことがありますか。
　　　　はい。被告人は東都大学法学部を卒業していますので，君も知っていると思うけれど，現在はDNA鑑定という新しい鑑定が開発され，どんなに否認していても，有罪にできる。今のままの態度を貫くのもいいが，事実はありのまま認めるべきではないかと説得しました。
　つまり，DNA鑑定の結果を被告人に突きつけたところ，被告人は自白したのですね。
　　　　被告人が何故自白したのか正確なところは分かりませんが，DNA鑑定について説明してまもなく自白したことは事実です。

▲公判廷の早見

Ⅳ-❸-13 ビデオリンク方式による証人尋問

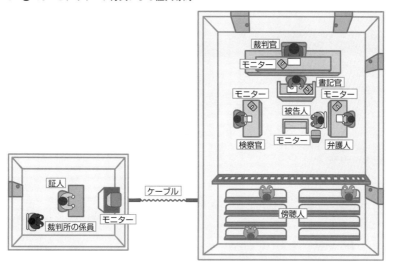

| ビデオリンク方式 | 裁判所は，相当と認めるときは，当事者の意見を聞き，裁判官および訴訟関係人が証人を尋問するために在席する場所以外の場所にその証人を在席させ，「映像と音声の送受信により相手の状態を相互に認識しながら通話をすることができる方法」（ビデオリンク方式）によって，尋問することができる（157条の6第1項）。対象となる証人は，性犯罪の被害者（同条同項1号・2号）のほか，通常の公判において「供述するときは圧迫を受け精神の平穏を著しく害されるおそれがあると認められる者」（同3号）である。なお，2016年改正により，裁判所が相当と認めるときは，同一構内以外の場所（例えば，遠隔地の裁判所など）でのビデオリンク方式も可能となった（157条の6第2項）。|

Ⅳ-❸-14 証人の遮へい

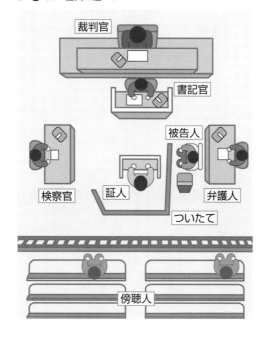

▶▶▶Ⅳ 公　判

平成31年（刑わ）第1300号　殺人・死体遺棄・覚せい剤取締法違反被告事件
被告人　早見圭司

証拠開示命令請求書

東京地方裁判所　刑事第3部　御中

令和　元　年　6月　5日

弁護人　二　木　貴　子　㊞

　弁護人は、刑事訴訟法316条の26に基づき、本件覚せい剤使用について被告人の逮
捕直後の供述を録取した警察官の備忘録につき開示命令を請求する。
　その理由は以下のとおりである。
　予定主張記載書面で明らかにしたように、被告人は、平成30年11月末ころを最後
に覚せい剤を使用していない。
　そして、被告人は、逮捕された平成31年3月30日の2週間前から逮捕されるまでの
自らの行動について、ありのまま供述したから、捜査当局も、その裏付け捜査をし
ているはずである。
　そこで、本件覚せい剤使用について被告人の逮捕前の行動に関する捜査結果を記
載した書面（警察官の備忘録を含む）を、主張関連証拠として、開示するよう検察
官に求めたところ、検察官は、警察官の備忘録を除く書類は開示したが、警察官の
備忘録は開示の対象にならないと主張して開示しない。
　しかし、検察官の主張には理由がない。
　そこで、検察官に、本件覚せい剤使用について被告人の逮捕後の供述を記載し
た警察官の備忘録の開示を命じられたい。

以　上

Ⅳ-❸-15　証拠開示命令請求書（→84頁）

平成31年（刑わ）第1300号　殺人・死体遺棄・覚せい剤取締法違反被告事件
被告人　早見圭司

証拠開示命令

第1　主文

　検察官は、弁護人に対し、本件覚せい剤使用について被告人の逮捕直後の供述を
記載した警察官の備忘録を開示せよ。

第2　理由

1　弁護人の請求の理由は、弁護人の令和元年6月5日付証拠開示命令請求書のと
　おりであるから、これを引用する。

2　検察官は、警察官の備忘録は証拠開示の対象にならないと主張するが、備忘
　録と言えども、捜査の過程で、捜査のために作成されたものであるから、証拠
　開示の対象になる場合があるというべきである。
　　そして、本件の場合、開示の必要性を認めることができる一方、開示を命じ
　ることに伴い弊害があるとは認められない。
　　したがって、弁護人の請求には理由があるので、主文のとおり、決定する。

令和　元　年　6月　14日

東京地方裁判所　刑事第3部
裁判長裁判官　石　塚　道　夫　㊞
裁判官　浅　見　直　美　㊞
裁判官　佐々木　　誠　㊞

Ⅳ-❸-16　証拠開示命令（→84頁）

検察官による検面調書の請求

　検面調書の供述者の公判廷供述が得られない場合（321
条1項2号前段）や証人の公判供述が捜査段階のそれと食い違う場合に（同後段）、検察官は、証人の
検面調書の取調べを請求することがある。
　後段の場合が特に問題で、検察官は、供述の「相反部分」を特定し、検面供述の「特信性」を主張
することになるが、これを安易に認めると、「弁護人による反対尋問の成功」が「伝聞証拠の証拠能
力の獲得」を意味するという逆説的な事態を現出しかねない。わが国の刑事裁判が調書裁判にならな
いためには、「相反性」、「特信性」の要件を厳格に解する必要があるが、裁判員裁判では、裁判員に調
書を読ませることは避けなくてはならないので、検面調書が請求されることは原則としてなくなった。

(3) 弁　　論

　証拠調べが終了すると，当事者の意見陳述が行われる。これを弁論という。裁判員裁判では証拠調べが終了すると，これに引き続いて行われるが，それ以外の重大な事件では，新たに弁論の期日が設けられることもある。

　まず，検察官が事実および法律の適用について意見を陳述する（293条1項）。これを論告と呼び，そのうち刑種の選択および刑の量定に関する検察官の意見を求刑という。実務上は，論告要旨という書面に基づいて行われるが，裁判員裁判では，書面を作成する時間的余裕はない。検察官による論告は，公判廷で取り調べられた証拠に基づいてどのような事実が認められるかを論じたもので，否認事件の場合，相当の分量になることも少なくないが，裁判員裁判では簡にして要を得たものにする必要がある。

　なお，2007年改正で，被害者参加人（またはその委託を受けた弁護士）は，検察官の論告ののち，裁判所の許可を得て，訴因の範囲内で，意見を陳述することができることになった（316条の38）。被害者参加人による検察官と異なる求刑もあり得ることになる。

　ついで，弁護人が意見を述べる。裁判員裁判では，検察官の論告（および被害者参加人の意見陳述）のあと直ちに行うことになり，同じく書面を作成する余裕はなく，純粋に口頭で行うことになる。これを最終弁論（あるいは単に弁論）と呼ぶ。最後に被告人が意見を述べる。弁護側の意見陳述ののち検察官が意見を述べる法制の国もあるが，わが国ではそのような制度は採用されず，被告人・弁護人に最後に意見を述べる機会が保障されている（最終陳述権の保障）。裁判員裁判以外の重大な事件では検察官の論告期日と別に弁論期日が設けられることもある。その場合には弁護人の弁論は弁論要旨という書面に基づくことが多い。

(4) 判 決 手 続

　公判手続の最後に，裁判所によって判決が言い渡される（判決の宣告）。宣告は，公開の法廷で，主文および理由の朗読（または要旨の告知）によって行われる（342条）。その際，判決書（「はんけつがき」と呼ばれる）が存在することは必ずしも必要ではない。裁判長によって被告人に対する訓戒（規221条）（実務上は，説示ともいう）が行われることが多い。また，有罪の場合には，被告人に対し，上訴期間および上訴申立書を差し出すべき裁判所を告知しなければならない（規220条）。民事の場合は，判決言渡期日に当事者が出廷することは必要ではなく，判決書に基づいて，その主文だけが法廷で機械的に読み上げられるのと対照的である。

　裁判員裁判の判決は，証拠調べの終了直後から始められる裁判官と裁判員の評議に基づくが，評決は，裁判官と裁判員の双方の意見を含む過半数の意見によるという特別多数決制である（裁判員67条1項）。裁判員6人全員が有罪，裁判官3人全員が無罪の場合，（単純多数決では有罪になるが）有罪にできない，すなわち無罪になる。裁判員全員が無罪，裁判官全員が有罪の場合も，過半数が無罪だからではなく，有罪言渡しに必要な過半数が得られないので，無罪になる（→110頁参照）。

　裁判員裁判の判決書の作成は，判決言渡し後，裁判官のみによってなされる。

▶ ▶ ▶ Ⅳ 公 判

2 裁判員の参加する公判手続

裁判員の参加する裁判手続（裁判員裁判）は，一定の重大事件，たとえば殺人・強盗・放火・危険運転致死などの罪について行われる（裁判員2条）。ただし，裁判員候補者，裁判員等に対して危害が加えられるおそれのあるとき（同3条）または審理が著しく長期にわたることが回避できるとき（同3条の2）などは，裁判官のみの合議体で取り扱うことができる。裁判員裁判は，非法律家の裁判員が参加して審判を行うものであるから，その審判は「迅速で分かりやすい」ものである必要がある。以下に述べるように，裁判員裁判は，第1回公判手続の前から，「迅速で分かりやすい」という要請に沿った制度的な設計ないし工夫がなされている。

(1) 起訴後の第1回公判期日まで

まず，裁判員裁判では，公判前整理手続に付すことが義務づけられている（裁判員49条）。公判前整理手続は，「充実した公判の審理を継続的，計画的かつ迅速に行うため必要があると認めるとき」にとられる手続であるが（316条の2），裁判員裁判は，一般国民が裁判に参加するものであるため短期間に迅速に行う必要があり，まさにこのような場合にあたるからである。

裁判員裁判を迅速に進めるため，裁判所の決定により，公判前整理手続において鑑定の手続を行うことができる（裁判員50条）。これは，従来の公判手続において鑑定，とくに精神鑑定の実施に長期間を要し，審理の長期化の要因になっていたことに鑑み，裁判員裁判においては，鑑定の結果がでるまでに相当の期間を要すると認められるときは，検察官・被告人もしくは弁護人の請求により，または職権で公判前整理手続において鑑定の手続を行う旨の決定（鑑定手続実施決定）（鑑定の経過および結果の報告を除く）をすることができるとするものである。

(2) 公判期日と手続の更新

公判期日では，このときから裁判員が参加することになるため，「裁判員がその職責を十分に果たすことができるよう，審理を迅速で分かりやすいものとすることに努めなければならない」（裁判員51条）とされている。起訴状の公訴事実の表記についても，理解が容易になるような工夫が必要である。迅速化については，2004年の法改正により，審理に2日以上要する事件については「できる限り，連日開廷し，継続して審理を行わなければならない」とされているが（281条の6），裁判員裁判については連日的開廷による集中審理が不可欠であろう。

裁判員が欠けた場合に備えて補充裁判員を置くことができるが（裁判員10条），補充裁判員がいないときに，新たな裁判員を加える必要が生じたときは公判手続の更新をする（同61条1項）。更新によって新たに加わる裁判員が，争点および取り調べた証拠を理解することができ，かつその負担が過重にならないようなものとしなければならない（同条2項）。

手続二分論

わが国の公判手続は，罪責認定手続と刑罰認定手続とに二分されていないが，陪審裁判では罪責問題は陪審員によって認定されるので，当然手続二分となる。しかし，職業裁判官制度あるいは参審制度においても，①事実認定手続から量刑資料を排除して，事実認定手続を純化する必要があること，②刑罰の個別化のためには量刑手続を充実させる必要があることから，量刑資料は罪責問題の立証が終了してから提出する運用が望ましい。刑訴規則も2005年改正で，「犯罪事実に関しないことが明らかな情状に関する証拠の取調べは，できる限り，犯罪事実に関する証拠の取調べと区別して行うよう努めなければならない」との努力義務規定を設けた（規198条の3）。とりわけ，裁判員裁判では，裁判員による事実認定手続を純化する必要は大きく，手続二分論の趣旨を生かした運用が求められる。なお，部分判決手続では，事実認定のみに関する部分判決の制度が採用されているので（→次頁），その限りで一種の手続二分制度となっている。

(3) 公判における証拠調べ手続

まず，冒頭陳述については，公判前整理手続における争点および証拠の整理の結果にもとづき，証拠との関連を明示しなければならない（裁判員55条）。従前の例では，冒頭陳述は物語式に事実を叙述するかたちのものが多かったが，「迅速で分かりやすい」審理のために，裁判員裁判においては，各争点について証明すべき事実と証拠との関係を明示することが義務づけられた。被告人または弁護人が冒頭陳述をする場合も同様である（316条の30参照）。なお，公判前整理手続の結果も公判期日において陳述されることになるが（316条の31第1項），両当事者の冒頭陳述がそれを十分反映している場合，この結果の陳述は簡潔なもので足りることになろう。

証拠調べの実施にあたっても，迅速で分かりやすい工夫が要請される。具体的には，公判前整理手続で整理された争点を中心として，厳選された証拠に基づいて行われる。供述調書の任意性，信用性についての立証も，裁判員に理解しやすい立証方法がとられる必要があるが，公判における供述が可能であれば原則として調書に依存せず証人尋問によるべきである。裁判員は，証人に対して，裁判長に告げたうえで裁判員の関与する判断について必要な事項について尋問することが認められるほか（裁判員56条），被害者等に対する質問，被告人に対する質問も許されている（同58条・59条）。

刑訴法321条1項2号書面について，とくに法改正されなかったため，検察官は従来どおりの要件でこれを法廷に提出することができるが，裁判員法51条の趣旨からみて，なるべく法廷での証人尋問による立証を中心とすべきである。同号書面を提出する場合，「前の供述を信用すべき特別の情況」を立証しなければならないが（321条1項2号但書），この立証は，裁判員裁判のもとではとくに証人尋問の過程で行うのが適当である。

裁判員が適正な事実認定を行うため，犯罪事実に関する立証と量刑に関する立証は分けて行うのが望ましい（手続二分論）。例えば，前科に関する証拠などは，とくに無罪が争われている場合などについては，罪体立証が終わった後に取り調べるべきである。

(4) 部分判決手続

同一の被告人に対して複数の事件が起訴された場合に，裁判員の負担を軽減するために部分判決制度が創設された。部分判決制度とは，同一の被告人に対し，複数の事件が起訴され，弁論が併合された場合において（裁判員裁判の対象

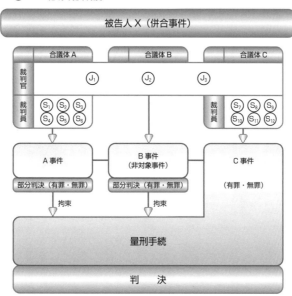

Ⅳ-3-17　部分判決制度

▶▶▶Ⅳ 公　判

事件以外の事件が併合されることもありうる。裁判員4条1項参照），一部の事件を区分し，この区分した事件ごとに裁判員を選任して審理し，事実認定に関して部分判決を行った上で，これを踏まえて新たに選任された裁判員の加わった合議体が併合した事件の全体について，刑の言渡しを含めた終局の判決を行うとする制度である。

　裁判所は，併合事件の審判につき，裁判員の負担を考慮して，併合事件を区分して審理する旨の決定（「区分審理決定」）をすることができる（裁判員71条1項）。区分事件に含まれる被告事件については有罪・無罪等の「部分判決」をしなければならない（同78条・79条）。部分判決の宣告により，区分事件の審判における裁判員の任務は終了する（同84条）。部分判決に対しては控訴することはできない（同80条）。裁判所は，区分事件の審理が終わった後に，併合事件の全体について裁判を行うが，部分判決で示された事項については，原則として，これに拘束されることになる（同86条）。

(5) 判　決

　審理が終わると，裁判官と裁判員によって評議が行われる。裁判員も裁判官同様，証拠の証明力について自由に判断できる（裁判員62条）。具体的な評議にあたっては，まず裁判長が，裁判員に対して，必要な法令に関する説明をていねいに行うとともに，裁判長には，評議を裁判員に分かりやすいものとなるよう整理し，裁判員が発言する機会を十分に設けるなど，裁判員がその職責を十分に果たすことができるように配慮する義務がある（同66条5項）。裁判員は，評議に出席しそこにおいて意見を述べなければならない（同条2項）。評決は，裁判官および裁判員の双方の意見を含む合議体の過半数の意見による（同67条1項）（→107頁）。刑の量刑について意見が分かれ，その説が裁判官と裁判員の双方の意見を含む過半数にならないときは，裁判官および裁判員の双方の意見を含む合議体の員数の過半数の意見になるまで，被告人に最も不利な意見の数を順次利益な数に加え，その中で最も利益な意見によるとされている（同条2項）。

　有罪，無罪の判決，少年法55条による家庭裁判所への移送決定をするときは，裁判員はそれらを宣告する公判期日に出頭する義務を負う（裁判員63条1項）。ただし，裁判員が出頭しなくても宣告自体は妨げられない。この宣告により裁判員の任務は終了する（同48条1号）。

(6) 裁判員の保護・罰則等

　裁判員の保護のため，次のような規定がおか

Ⅳ-❸-18　評議の様子（模擬）

れている。まず，労働者が裁判員の職務を行ったことを理由に，解雇その他不利益な取扱いをしてはならない（裁判員100条）。次に，何人も，裁判員・補充裁判員のほか，裁判員候補者，同予定者についても，その氏名，住所その他の個人を特定するに足りる情報を公にしてはならない（同101条）。また，何人も，被告事件に関し当該事件の裁判員に接触すること，裁判員が職務上知り得た秘密を知る目的で接触することは禁止される（同102条）。その他，裁判員に対する請託，威迫はそれぞれ請託罪，威迫罪となり，罰則が科される（同106条・107条）。他方，裁判員が評議の秘密を漏らしたときは，秘密漏示罪として処罰される（同108条）。

Ⅳ-❸-19　裁判員の守秘義務

守秘義務の対象	評議の秘密	どのような過程を経て結論に達したか
		裁判員や裁判官がどのような意見を述べたかその意見を支持した数，反対した意見の数
		評決の際の多数決の数
	評議以外の職務上知った秘密	被害者などの事件関係者のプライバシー
		裁判員の名前
守秘義務の対象外	公開の法廷で見聞きしたこと	証人尋問の内容
		判決の内容

111

V 証拠と事実認定

1 総説

1 証拠裁判主義

証拠裁判主義とは，事実の認定は証拠による（317条）との原則をいう。この原則は，古く糾問主義の時代に神判のような非合理的基準を裁判の基礎とはしないとして採用されたものである。しかし，今日では，より規範的な意義を持った原則となっている。すなわち，ここにいう「事実」とは犯罪事実を中核とする一定範囲の事実をいい，「証拠による」とは証拠能力のある証拠によって適式な証拠調べを経た証明によるという規範的意味と理解されている。そして，証拠能力のある証拠により適式な証拠調べの手続を経た証明を「厳格な証明」といい，それ以外の証明を「自由な証明」という。なお，その中間に「適正な証明」という範疇を認める説もある。このようにして，証拠裁判主義においては，厳格な証明の対象となる事実の範囲と証拠能力の意義が主な論点となる。

V-**1**-1 証拠の意義

V-**1**-2 厳格な証明・自由な証明

2 自由心証主義

V-1-3 事実認定

証拠 → 証拠能力 → あり → 証明力 → あり → 有罪認定 → 有罪

証拠能力 → なし → 証拠排除

証明力 → 不明 → 疑わしきは被告人の利益に → 無罪

証明力 → なし → 有罪認定できない → 無罪

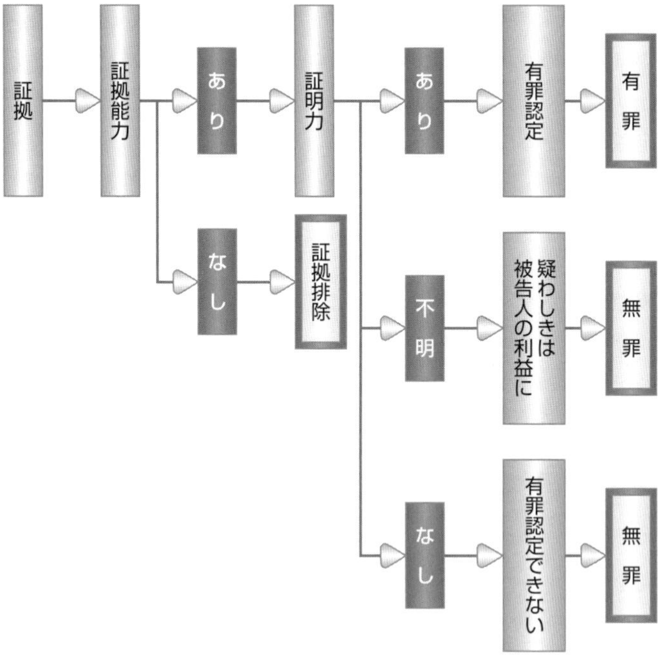

情況証拠による事実認定　事実を証明する直接証拠があればよいが，多くの犯罪は秘密裏に行われるため，情況証拠しかない場合も多い。直接証拠とは，犯罪事実（主要事実）の存否を直接的に証明する証拠であり，情況証拠とは，主要事実を直接的に証明することはできないが，その存否を推認させる間接事実そのものあるいは間接事実を証明する証拠，すなわち間接証拠のことをいう。犯罪事実の認定は，直接証拠がある場合もあるが，情況証拠しかない場合もある。いずれの場合にも「合理的な疑いを超える（beyond a reasonable doubt）」証明がなければならず，証明がその程度に達していないときは「疑わしきは被告人の利益に（in dubio pro reo）」の原則に従って無罪とされる。そこで，情況証拠しか存在しない場合には，とくに「合理的な疑いを超える」証明がなされたかどうかの判断を慎重に行う必要がある。

挙証責任・推定　客観的挙証責任（実質的挙証責任）とは，審理の結果，事実が真偽不明のとき，不利益な法的判断を受ける当事者の地位をいい，説得の責任ともいわれる。これに対して，主観的挙証責任（形式的挙証責任）とは，審理の過程で，ある事実について審理してほしいときに一定の証拠を提出する責任あるいは当事者の争点設定の責任をいい，立証の負担ともいう。刑事訴訟では原則として，客観的挙証責任は検察官が負うことになる。例外として，客観的挙証責任が被告人に転換する場合があるとされ，例えば，同時傷害（刑207条）ではない事実の証明，名誉毀損に関する摘示事実の真実性の証明（刑230条の2）などが挙げられている。推定とは，立証の容易な前提事実から推定事実を推認することをいうが，前提事実からの推認に合理的な疑いが生じた場合には，当然，推定事実を立証しなければならない。

2 証拠の許容性

ある事実を証明するための証拠を公判に提出することができるのは、その証拠に証拠の許容性あるいは証拠能力が認められる場合である。証拠の許容性が肯定されるためには、①自然的関連性があり（証明しようとする事実に対する必要最小限度の証明力があること）、②法律的関連性もあり（その証明力の評価を誤らせるような事情のないこと）、かつ③証拠禁止にあたらない（その証拠の利用が手続の適正を害すると思われる場合あるいは一定の優越的利益を守る必要がある場合にあたらないとき）ことが必要である。

1 証拠の関連性

(1) 悪性格の立証

被告人の犯罪事実を立証するために、被告人の悪性格を立証することは許されない。被告人の性格そのものではなく、被告人の同種前科とか起訴されていない余罪、非行歴などの類似事実の立証も許されない。なぜなら、例えば何十年も前の非行を立証してみても、通常は犯罪事実との自然的関連性は認められないし、仮に一応の証明力があるとしても、それを吟味する方法がないために法律的関連性が認められないからである。もっとも、被告人の悪性格の立証が許される場合もあり、①すでに犯罪の客観的要素が立証されているときに、故意などの主観的要素の立証のために同種前科を明らかにするとき、②犯罪の手口などの態様にきわだった特徴がある場合に類似事実を立証するとき、③被告人がその善良な性格を立証した場合にこれに対する反証として悪性格を立証するとき、さらに④量刑資料として使用するとき、には許される。

(2) 科学的証拠

いわゆる科学的証拠については、たとえ自然的関連性がある証拠であってもその証明力の評価が困難な場合には、証拠能力を認めることはできない。科学的証拠の中でも血液型や指紋の鑑定などはその証明力に問題はないとされている。これに対して、証明力を担保する条件設定が困難な場合は、法律的関連性を欠くことになるからである。一般的には、その技術が一般的にかつ当該事案において信頼できるものであり、その結果を事後的に検証することができる場合に、法律的関連性を認めることができるといえよう。判例が、科学的証拠の証拠能力を認めたものとして、「ポリグラフ検査結果」、「警察犬による臭気選別検査結果」、「声紋鑑定・筆跡鑑定」あるいは「DNA鑑定」などがある。

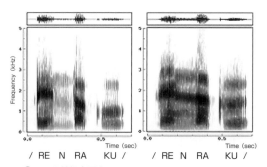

V-2-1 声紋鑑定写真
　これらの声紋は、電話を通して「連絡」と発話した音声を分析したもので、声紋が異なっていることから別人の音声であることがわかる。

2 違法収集証拠の排除法則

違法に収集された証拠の証拠能力を否定する原則を，違法収集証拠の排除法則という。違法収集証拠の排除法則が，わが国の判例で採用されたのは，1978年のいわゆる「大阪覚せい剤事件」においてであった。「事案の真相の究明も，個人の基本的人権の保障を全うしつつ，適正な手続のもとでされなければならないものであり，ことに憲法35条が，憲法33条の場合及び令状による場合を除き，住居の不可侵，捜索及び押収を受けることのない権利を保障し，これを受けて刑訴法が捜索及び押収等につき厳格な規定を設けていること，また，憲法31条が法の適正な手続を保障していること等にかんがみると，証拠物の押収等の手続に，憲法35条及びこれを受けた刑訴法218条1項等の所期する令状主義の精神を没却するような重大な違法があり，これを証拠として許容することが，将来における違法な捜査の抑制の見地からして相当でないと認められる場合においては，その証拠能力は否定されるものと解すべきである」（最判昭和53・9・7刑集32巻6号1672頁）とされた。この判例を受けて，その後下級審裁判所ではいくつかの証拠排除の裁判例が積み重ねられてきた。2003年には，最高裁判所自身が，排除法則を適用して尿鑑定書の証拠能力を否定するに至っている（最判平成15・2・14刑集57巻2号121頁）。

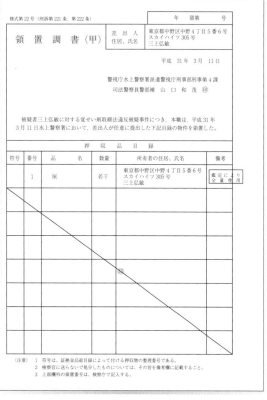

V-2-2 尿の任意提出書（→13頁）

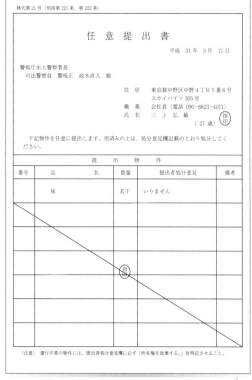

V-2-3 領置調書（→13頁，30頁）

❸ 自白法則

　自白法則（広義）とは，自白の証拠能力の制限に関する法規制（憲38条2項，刑訴319条1項）および自白の証明力の制限に関する法規制（憲38条3項，刑訴319条2項・3項）をいう（狭義では前者のみを指す）。

　自白とは，自己の犯罪事実の全部またはその重要部分を認める被告人の供述をいうが，自白は一般に信用されやすいため，自白を獲得するために人権侵害が犯されたりまた誤った自白による誤判の危険もあるため，このような法規制が設けられている。このうち，自白の証拠能力を制限する根拠については，学説上，虚偽排除説，人権擁護説および違法排除説の対立があるが，とりわけ捜査機関による自白採取手続の違法性を自白排除の基準とした違法排除説を支持する学説が多い。もっとも，最近では，一般法である違法収集証拠の排除法則による自白排除と任意性説（虚偽排除説と人権擁護説）による自白排除とを併用する考え方も有力である。

　自白の証明力については，古くから「自白は証拠の女王」といわれてきたように，一般に自白には高い証明力が認められてきたため，虚偽の自白による誤判のおそれも常に伴ってきた。そこで，被告人の自白だけでは被告人を有罪とすることはできず，自白には補強証拠が必要であるとされてきた。これは，証拠の証明力は裁判官の自由な判断に委ねる（318条）とのいわゆる自由心証主義の例外である。

V-❸-1　自白法則と違法収集証拠の排除法則との関係

自白法則：自白採取の手続論　　自白法則：自白の属性論
　　　　（違法排除説）　　　　　　　（併用（二元）説）

V-❸-2　司法警察員面前調書（→30頁）

▶▶▶ 3 自白法則

V-❸-3 留置人出入簿に基づく捜査報告書

捜査報告書

東京地方検察庁

検察官 検事 井上正樹 殿

令和元年7月19日

被疑者早見圭司に対する殺人・死体遺棄・覚せい剤取締法違反被疑事件について，警視庁留置場に備え付けられた留置人出入簿及び接見記録に基づき，同人の出房時刻，入房時刻及び接見状況を調査した結果は，以下のとおりである。なお，供述調書作成の経過を備考として付記した。

東京地方検察庁

検察事務官 植田善之 ㊞

月 日	出房時刻	入房時刻	備考
3・30	13:33	17:54	K取調 B接見（30分）
	19:05	21:48	K取調 KS
3・31	8:35	11:55	K取調
	13:01	17:35	K取調
	18:40	21:45	K取調 KS
4・1	7:32	15:20	P送致 弁録 勾留請求
	16:15	18:03	K取調 B接見（20分）
	19:12	21:55	K取調
4・2	7:22	17:25	裁押送 B接見（15分） J勾質
	18:34	21:58	K取調
4・3	9:03	11:58	K取調
	13:02	17:15	K取調
	18:34	21:23	K取調
4・4	7:56	18:04	P押送 P取調
	19:06	21:35	K取調 B接見（30分） KS
4・5	8:23	11:45	K取調
	12:50	17:35	K取調
	18:47	21:14	K取調 KS
4・6	8:14	11:59	K取調
	13:01	17:35	K取調 B接見（30分）
	18:41	21:05	K取調 KS
4・7	8:01	11:25	K取調
	13:23	17:55	K取調
	19:35	21:34	K取調
4・8	9:05	12:02	P取調
	13:03	15:23	P取調
			（15:32～16:02 B接見）
	16:34	17:23	K取調
	18:45	21:55	K取調
4・9	7:46	18:32	P押送 P取調 PS
	19:45	21:35	K取調 KS
4・10	9:45	11:56	K取調
	13:23	17:38	K取調 B接見（30分）
	18:45	21:20	K取調
4・11	8:33	11:46	K取調
	13:02	17:33	K取調
	18:47	21:38	K取調 KS
			（以下、略）

実務上の略語
K ：警察官
B ：弁護人
P ：検察官
J ：裁判官
KS：具面調書
PS：検面調書

V-❸-4 自白の任意性に関する弁護人の意見書（→92頁）

平成31年（刑わ）第1300号
被告人 早見圭司

意 見 書

令和元年11月13日

東京地方裁判所刑事第3部 御中

弁護人 二木貴子 ㊞

上記被告人に対する殺人・死体遺棄・覚せい剤取締法違反被告事件について，検察官の令和元年5月11日付証拠調べ請求書中の被告人の警察官および検察官に対する供述調書（請求番号2，3ないし10）の任意性に関する弁護人の意見は，下記のとおりである。

1 検察官は，被告人の出房時刻，入房時刻，接見状況に関する捜査報告書に基づいて，本件は，殺人・死体遺棄被疑事件という重大な事件であることを念頭におくと，被告人に対する取調べの回数・時間は，適正であって，過酷なものでは到底なく，また，当時の弁護人であった二木貴子弁護士が，ほぼ2日に1回接見し，必要な助言を行っていることが認められるから，被告人が任意に供述したことは明らかである，と主張する。
　しかしながら，検察官の上記主張は，正しくない。
　以下，詳論する。

2 まず，被告人に対する取調べの回数・時間をみると，上記捜査報告書によれば，以下のとおりだったことが分かる。
　3月30日午後 4時間21分 宮原刑事取調べ（その間，30分間弁護人接見）
　　　　夜 2時間43分 宮原刑事取調べ

　なお，当日は，逮捕後，午前9時30分ころから午前11時45分ころまでの約2時間15分，宮原刑事による弁解録取及び取調べが行われた。
　3月31日午前 3時間20分 宮原刑事取調べ
　　　　午後 4時間34分 宮原刑事取調べ
　　　　夜 3時間05分 宮原刑事取調べ
（中略）
　すなわち，被告人は，文字通り，連日，朝から晩まで，取り調べられたのであって，その間，宮原刑事は，頑強に嫌疑を否認する被告人に対し，ときに罵倒する言葉を浴びせ，ときに甘言を用い，被告人を精神的に追いつめたのである。
　そうであるのに，2日に1回，わずかに30分間の弁護人の接見で，被告人が正常な精神状態を回復することができるはずはない。
（中略）

3 さらに，本件では，被告人方から発見されたハンカチに付着した血痕のDNA型が被害者のそれと一致することをもって，宮原刑事は，本件DNA鑑定を決定的な証拠であると被告人に断言し，被告人をしてそのように信じ込ませた。
　被告人が本件DNA鑑定を突きつけられたために自白したことは，被告人の検面調書自体に明らかであるが，本件DNA鑑定の証明力は，宮原刑事が断言したように絶対的なものではなかったから，被告人の自白は，偽計によって得られたものということができ，その意味でも任意性を欠く。
（中略）

4 以上，要するに，被告人の供述調書は，司法警察員面前調書はもとより，検察官面前調書も，任意性を欠き，証拠能力はないから，検察官の取調べ請求は，全て却下すべきである。

以 上

4 伝聞法則

伝聞法則とは，伝聞証拠の証拠能力を否定する原則すなわち伝聞禁止の原則をいう。伝聞証拠とは，裁判所の面前での反対尋問を経ない供述証拠をいい，供述の場合と書面の場合とがある。刑訴法320条1項は，「公判期日における供述に代えて書面を証拠とし，又は公判期日外における他の者の供述を内容とする供述を証拠とすることはできない」として，このような伝聞禁止の原則を採用している。もっとも，同条は「第321条乃至第328条に規定する場合を除いては」としており，前記原則には大幅な例外が認められている。これを伝聞例外といい，反対尋問に代わる「信用性の情況的保障」があり，かつ，これを証拠とする「必要性」が高い場合に，例外として伝聞証拠に証拠能力が認められている。なお，ここでの例外には，そもそも反対尋問が問題とならない伝聞不適用の場合や供述が状況証拠などの非伝聞として用いられている場合も，含まれている。

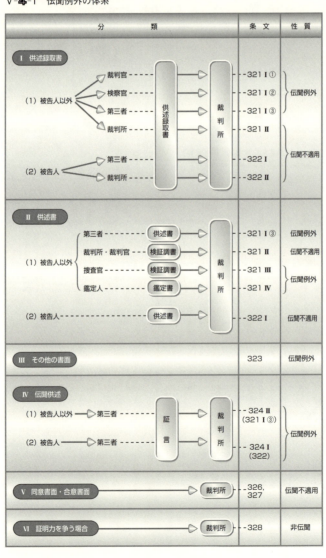

V-**4**-1　伝聞例外の体系

▶▶▶ **4 伝聞法則**

Ⅴ-4-2 被疑者検察官面前調書（→37頁）

供　述　調　書

本　籍　広島県広島市安芸区船越1丁目4番2号
住　居　東京都品川区中延3丁目4番6号平和ハイツ206号室
職　業　会社員　　　　　　　電　話　　局　　番
氏　名　早見圭司
　　　　　　　　　　　　　平成3年9月14日生（27歳）

　上記の者に対する殺人・死体遺棄・覚せい剤取締法違反被疑事件に
つき，平成31年4月17日，東京地方検察庁において，本職は，あら
かじめ被疑者に対し自己の意に反して供述する必要がない旨を告げて
取り調べたところ，任意次のとおり供述した。

　1　私は，平成31年3月30日，殺人・死体遺棄・覚せい剤取締法違
　反で逮捕されて以来，昨日まで，三上弘敏君と一緒に，柴原君を
　ナイフで刺し殺して，柴原君の死体を東京湾に投げ込んだことを否
　認してきました。
　　しかし，全て嘘でしたので，正直にお話します。
　　私が事実を否認してきたのは，柴原君を殺して死体を遺棄したこ
　とになれば，死刑になるかもしれないと思っていたからです。
　　しかし，私の取調べにあたっておられる宮原刑事から，事件の背
　景には柴原君が私たちを脅していたことがあるようだし，正直に話
　せば，死刑になることはないと聞かされ，さらに，私のアパートの
　トイレの横の物入れから発見されたハンカチに血が付いていて，
　DNA鑑定の結果，それが柴原君のものであることが分かったと聞か

　　　　　　　　　　　　検察庁

されて，そこまで事実が分かっているのなら，否認を続けても無駄
だと思い，正直にお話することにしたのです。

　2　私と柴原君は，これまでお話してきたように，高校時代の同級生
　で，同じサッカー部に所属し，高校時代は，柴原君は，親友の一人
　でした。

〜〜〜〜〜〜〜〜〜〜〜〜〜〜〜〜〜〜〜〜〜〜〜〜〜〜〜〜〜

　8　これまで詳しくお話しましたように，私が柴原君の胸にナイフを
　突き刺して，柴原君を殺したことは間違いありません。
　　三上君もナイフで刺しましたが，私が柴原君を絶命させました。
　　柴原君から脅されていたとはいえ，柴原君とは高校時代の親友でし
　たので，もっと柴原君と話し合えばよかったのにと，心から悔やん
　でいます。

　　　　　　　　　　　　　　　　　早見圭司　㊞指印
　以上のとおり録取して読み聞かせたところ，誤りのないことを申し
立てて署名指印した。

　前同日

　　　　　　　　　　　　東京地方検察庁
　　　　　　　　　　　　検察官　検事　谷口義男　㊞

　　　　　　　　　　　　検察庁

任意性の立証

　従来，自白の任意性をめぐる争いは，取調官の証人尋問をめぐって「水掛け論」となる傾向もあったことから，①2004年の改正刑訴法は，取調べ状況を記録した書面を証拠開示の対象とし（316条の15第1項8号），また，②同じく2004年の改正刑訴規則では，取調べ状況の立証には取調べ状況に関する資料を用いることの努力規定を定め（規198条の4），さらに，③2016年の改正刑訴法は，一定範囲の取調べの録音・録画とその記録媒体の証拠調べ請求により，任意性の立証を行う制度を導入した（301条の2）。これらにより，自白の任意性をめぐる対立が迅速かつ的確に解決されることが期待されている。

Ⅴ-4-3 鑑定書（→84頁）

鑑　定　書

令和元年8月27日

鑑定人　医師　田崎義博　㊞

　被告人早見圭司に対する殺人・死体遺棄・覚せい剤取締法違反被告事件について，以
下のとおり鑑定する。

一　鑑定資料
　1　被告人方から発見されたハンカチ　　　1点
　2　被告人の血液　　　　　　　　　　　　約5cc
　3　三上弘敏の血液　　　　　　　　　　　約5cc
二　鑑定事項
　1　資料1のハンカチに被告人の血液型物質及びDNA型物質の付着が認められるか。
　2　その他関係事項
三　鑑定経過

〜〜〜〜〜〜〜〜〜〜〜〜〜〜〜〜〜〜〜〜〜〜〜〜〜〜〜〜〜〜〜〜〜〜

四　鑑定結果
　1　被告人はBの分泌型であるところ，資料1に同型物質の付着は認められない。
　2　資料1に被告人のDNA型物質の付着は認められない。
　3　三上弘敏はAの分泌型であるところ，資料1に同型物質の付着が認められる。
　4　資料1に三上弘敏のDNA型物質の付着が認められる。

　　　　　　　　　　　　　　　　　　　　　　　　　　以　上

119

▶▶▶ V 証拠と事実認定

調書裁判　「調書裁判」というのは，公判における証拠調べにおいて，公判における供述証拠よりも，捜査機関によって作成された供述調書が重視され，いわば調書による裁判がなされているという裁判実態を，公判中心主義を重視する立場から批判的に表現した言葉である（→99頁）。公判中心主義とは，公判手続は，公開主義，口頭主義，直接主義さらに当事者主義に基づいて実施されるため，公平な裁判を実現するに最もふさわしい場であるから，犯罪事実の存否の判断は公判において行われるべきである，とする原則である。これに対して，とりわけ検面調書を伝聞例外として採用し，その証明力を高く評価する傾向が強まると，真実の解明は，公判においてではなく，捜査機関による密室での被疑者や参考人の取調べにおいてなされることとなり，そうなると刑事手続の比重は捜査に移り，公判は形骸化することになる。そこで，「調書裁判」批判論者からは，一方において，捜査機関の作成した供述調書は安易に採用されるべきではなく，他方で捜査段階における被疑者の取調べはより適正に実施されるべきであるとの主張がなされることになる。

　この問題は，裁判員制度の導入により，抜本的な改善がなされることとなった。なぜなら，法律には素人である裁判員が膨大な調書を読んで裁判をすることも，口頭主義の要請から膨大な調書を全文朗読することも，いずれも非現実的だからである。裁判員裁判では，公判中心主義という刑事裁判の原則がより重視され，調書裁判は過去のものとなりつつある。それはまた，裁判官裁判にも影響を与えることとなろう（→5頁コラム「精密司法と核心司法」）。

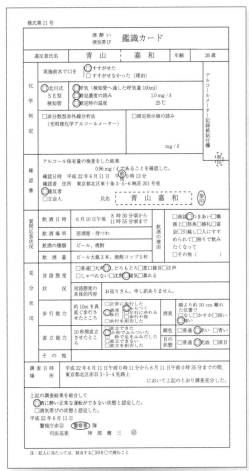

V-**4**-4　酒酔い酒気帯び鑑識カード
　　　　（ストーリーと関係なし）

V-**4**-5　実況見分（犯行再現）調書

Ⅵ 裁　　判

　訴訟手続は，裁判を目指して進行する。ここにいう**裁判**とは，被告事件に法律を適用し，これに公権的解決を与える裁判機関の意思表示をいう。裁判が確定すれば確定力が発生し，訴訟手続は終結する。裁判をするときには，**裁判書**（「さいばんがき」と呼ばれる）を作らなければならない（規53条）。ただ，決定または命令は裁判書を作らないで調書に記載させることができる（同条但書）。また，判決でも，上訴の申立てがなく，宣告から14日以内に判決書謄本の請求がないときは，公判調書の末尾に主文・罪となるべき事実・適用法条を記載し，判決書に代えることができる（規219条。調書判決）。

　裁判内容が裁判機関の内部で決定すると，裁判は内部的に成立する。内部的に成立すれば，その後に裁判官が交替しても，手続を更新する必要はない。後の裁判官はすでに成立している裁判内容を発表すればよい（315条但書）。裁判は，告知によって外部的に成立する。告知は，公判廷では宣告によって行うが（342条，規34条），公判廷以外の場合は原則として裁判書謄本の送達によって行う（規34条）。裁判が外部的に成立すれば，裁判機関はこれに拘束され，もはや撤回・変更することはできない。

　裁判には，判決・決定・命令の区別がある（43条）。判決には必ず理由を付さなければならない（44条1項）。裁判は，講学上，実体裁判と形式裁判に区別される。**実体裁判**とは，一般に公訴の理由の有無についてなす裁判すなわち有罪・無罪の判決をいい，**形式裁判**とは，手続上の理由から訴訟を打ち切る裁判すなわち管轄違い，公訴棄却の裁判をいう。免訴の判決も形式裁判と解するのが通説である。

Ⅵ-1　判決・決定・命令の区別

	主　体	口頭弁論	理　由	不服申立て
判　決	裁判所	必　要	必　要	控訴・上告
決　定	裁判所	任　意	上訴を許すとき必要	抗　告
命　令	裁判官	任　意	上訴を許すとき必要	準抗告

1　裁判の内容

　裁判は，主文と理由とからなる（44条1項，規35条2項）。有罪判決の主文としては，具体的な宣告刑が表示される。その他，未決勾留日数の本刑通算，執行猶予・保護観察，仮納付命令，没収・追徴，訴訟費用の負担なども主文で表示される。無罪の場合は主文で無罪と表示される。形式裁判の場合は，主文で管轄違い，公訴棄却あるいは免訴と表示される。

　有罪判決の理由としては，罪となるべき事実，証拠の標目，法令の適用を示すほか（335条1項），法律上犯罪の成立を妨げる理由または刑の加重減免の理由となる事実が主張されたときには，これに対する判断をも示さなければならない（同2項）。①罪となるべき事実は，各本条を適用する事実上の根拠を確認しうる程度に具体的に表示しなければならない。②証拠の標目とは，具体的にその証拠の同一性を示すに足りる証拠の標題・種目をいう。証拠の標目は，罪となるべき事実の認定に必要であるかぎり，これを表示しなければならない。③法令の適用は，認定された事実に対する実体法の適用のことである。④特別の主張に対する判断は，従来，第1項の罪となるべき事実の表示により，犯罪の成立を妨げる理由等はすでに黙示的に否定されているが，当事者の納得のために設けられた規定であると解されてきた。しかし，当事者主義からすれば，当事者の主張には裁判所はこれに応える義務があると考えるべきであり，その旨を規定したものと解することになる。

▶▶▶Ⅵ　裁　判

1　有罪判決

令和　元年　7月　8日宣告　裁判所書記官　玉前美子
平成 31 年（刑わ）第1225号

判　決

本籍　山口県岩国市門前町1丁目2番3号
住居　東京都中野区中野4丁目5番6号スカイハイツ305号
職業　会社員

三上弘敏
平成3年11月8日生

　上記の者に対する殺人・死体遺棄・覚せい剤取締法違反被告事件について、当裁判所は、検察官高橋浩一出席の上審理し、次のとおり判決する。

主　文

被告人を懲役6年に処する。
未決勾留日数中60日をその刑に算入する。
押収してあるナイフ1本（平成31年押第1895号の符号1）を没収する。
本件公訴事実中覚せい剤取締法違反被告事件について、被告人は無罪。

理　由

（犯行に至る経緯）
…略…
（罪となるべき事実）
　上記のような経緯で、被告人は、
第1　早見圭司と共謀の上、平成31年3月1日午後11時15分ころ、東京都中央区晴海4丁目5番6号先路上において、柴原淳（当時27歳）に対し、被告人において所携の飛び出しナイフ（刃渡り約11センチメートル、平成31年押第1895号の符号1）で上記柴原の右上腕部を1回突き刺し、上記早見において、殺意をもって、所携のナイフ（刃体の長さ約16.5センチメートル）で上記柴原の腹部及び左前胸部をそれぞれ1回突き刺して腹部刺創及び心臓刺創の傷害を負わせ、よって、即時、同所において、同人を上記心臓刺創の傷害により失血死させて殺害したが、被告人においては傷害の犯意しかなかった
第2　上記犯行を隠蔽しようと企て、上記早見と共謀の上、上記柴原の死体を東京都中央区晴海4丁目5番6号先東京港晴海埠頭まで運び、同日午後11時30分ころ、同所から、これを東京湾に投棄し、もって死体を遺棄したものである。

（三上に対する判決）
（→76頁）

Ⅵ-1-1　判　決

（証拠の標目）
被告人の当公判廷における供述
被告人の司法警察員（8通）及び検察官（4通）に対する供述調書
早見圭司の司法警察員（7通）及び検察官（4通）に対する供述調書
司法警察員作成の捜査報告書（5通）
司法警察員作成の実況見分調書（2通）
医師笹本俊介作成の鑑定書
技官箕田佳枝作成の鑑定書
押収してあるナイフ（平成31年押第1895号の符号1）
押収してあるハンカチ（平成31年押第1895号の符号4）

（弁護人の主張に対する判断）
…中略…

（一部無罪の理由）
　被告人に対する覚せい剤取締法違反の公訴事実は、…（略）…というものであり、これを証明する証拠として、検察官から、被告人方から発見された覚せい剤（平成31年押第1895号の符号2）及びこれに関する鑑定嘱託書が提出されている。
　しかしながら、証人山口和茂の証言によれば、上記覚せい剤は、被告人方の捜索時に、山口が被告人の同意を得ることなく被告人のズボンのポケットに手を突っ込んで発見したものと認められるところ、被告人方の捜索令状で被告人の身体の捜索が許されないことは明らかであり、山口の行為には令状主義の精神を没却する重大な違法があるといわざるを得ないから、同覚せい剤及びこれに基づく証拠の証拠能力は、これを認めることができない。
　よって、上記公訴事実を認める被告人の捜査段階及び公判廷の自白には、補強証拠がないことになるから、刑訴法319条2項に従い、被告人に無罪の言渡しをする。

（法令の適用）
…略…
（量刑の理由）
…略…
令和元年7月12日

東京地方裁判所刑事第7部
裁判官　荒木真一㊞

令和　元年　11月　15日宣告　裁判所書記官　松本祐美子
平成 31 年（刑わ）第1300号

判　決

本籍　広島県広島市安芸区船越1丁目4番2号
住居　東京都品川区中延3丁目4番6号平和ハイツ206号室
職業　会社員

早見圭司
平成3年9月14日生

　上記の者に対する殺人・死体遺棄・覚せい剤取締法違反被告事件について、当裁判所は、検察官井上正樹、弁護人二木貴子出席の上審理し、次のとおり判決する。

主　文

被告人を懲役1年に処する。
未決勾留日数中170日をその刑に算入する。
但し、この裁判確定の日から3年間その刑の執行を猶予する。
殺人・死体遺棄被告事件について、被告人は無罪。

理　由

（罪となるべき事実）
　被告人は、法定の除外事由がないのに、平成31年3月20日ころから同年3月29日ころまでの間、東京都品川区中延3丁目4番6号平和ハイツ206号室被告人方またはその周辺において、覚せい剤であるフェニルメチルアミノプロパンを含有する水溶液を自己の身体に注射し、もって覚せい剤を使用したものである。

（証拠の標目）
…略…
（補足説明）
…略…
（一部無罪の理由）
　被告人に対する殺人・死体遺棄被告事件の公訴事実は、…（略）…というものであるが、被告人は、捜査段階の最終段階で自白したことが認められるものの、それ以前及び公判段階では一貫して否認しているところ、被告人に対する嫌疑を裏付ける証拠は、①被告人方

から発見されたハンカチに被害者の血痕が付着していたこと、②犯行に使用されたナイフが2種類で、複数による犯行と思えなくもないこと、③三上が本件犯行の主犯は被告人である旨供述してきたことにある。
　しかしながら、①上記ハンカチには被告人の血液型物質が発見されず、三上の血液型物質が発見されたこと、②被害者は日頃からナイフを携行しており、これが犯行に使用された可能性も高いこと、何よりも、③三上が当公判廷で従前の供述を覆し、被告人は犯行に無関係で、上記ハンカチは自分のものであり犯行後秘かに被告人方に持ち込んだものであることを詳細に供述しており、この供述の信用性を疑う根拠は皆無であり、被告人に対する嫌疑を裏付けるものは何もないといわなくてはならない。
　従って、被告人は本件殺人・死体遺棄事件の犯人でないことが明白であるから、無罪の言渡しをする。

（以下略）

（早見に対する判決）
（→123頁）

▶▶▶ **1 裁判の内容**

❧ story⑭ ❧ （93頁より）

　5日目の金曜日の午前中，裁判長から左陪席裁判官がまとめた評議の概要が説明され，裁判員の意見も取り入れて，判決理由の骨子が確定した。

　午後1時に下された判決は，殺人・死体遺棄について早見は無罪，覚せい剤使用について変更された訴因に基づいて有罪，早見を懲役1年・執行猶予3年に処するというものだった。なお，殺人事件に関する早見の自白調書について，裁判所は，任意性は認めたが，信用性を否定した。また，柴原郁子から申し立てられた損害賠償命令申立ては理由がないとして棄却された。

　判決言渡し後，左陪席裁判官が判決書の起案に取り掛かり，2日後に草稿を書き終え，裁判長，右陪席裁判官との協議を経て，判決書が完成し（判決書→122頁），検察官，弁護人に交付された。

　早見は，有罪となった覚せい剤取締法違反について控訴を申し立てたが（控訴申立書→128頁），

検察官は，控訴しなかった。事件は，東京高裁第5刑事部に係属し，裁判所は，国選弁護人として深見哲也弁護士を選任した。深見弁護士は，約1か月後に定められた控訴趣意書の提出期限までに控訴趣意書を提出した（控訴趣意書→129頁）。それから約1か月後に開かれた第1回公判期日で，裁判所は，弁護人が請求した被告人質問などの事実取調べ請求をすべて却下し，即日結審し，2週間後に，早見の控訴を棄却する旨の判決を下した。

　早見は，さらに上告し（上告申立書→130頁），事件は，最高裁第2小法廷に係属し，裁判所は，国選弁護人として，竹原美保弁護士を選任した。竹原弁護士は，約1か月後に定められた上告趣意書の提出期限までに上告趣意書を提出した（上告趣意書→130頁）。それから約2か月後，最高裁第2小法廷は，決定で上告を棄却し（上告棄却決定→130頁），異議申立てがなされなかったのでその3日後に早見に対する判決が確定した。

（終わり）

令和元年特（わ）第3780号

　　　　　　調　書　判　決

宣　告　日　　令和　元年　10月　4日
裁　判　所　　東京地方裁判所刑事第6部
裁　判　官　　若田康夫
検　察　官　　市村　智
罪　　　名　　出入国管理及び難民認定法違反
被　告　人
国　　籍　　中華人民共和国
住　　居　　府中市河田町3丁目9番10号モンテベルデ102号室
職　　業　　飲食店従業員
氏　　名　　許　秀雄
生年月日　　1991年12月3日生

（判決主文）
　被告人を懲役1年6か月に処する。
　この裁判確定の日から3年間その刑の執行を猶予する。

（罪となるべき事実の要旨）
　被告人は，中華人民共和国の国籍を有する外国人であり，平成29年5月上旬ころ，有効な旅券又は乗員手帳を所持しないで，同国から船舶で本邦の港に到着したものであるが，そのころ同所に上陸した後引続き令和元年8月14日まで神奈川県内などに居住するなどし，もって，本邦に不法に在留したものである。

（適用した罰条）
　出入国管理及び難民認定法70条2項，刑法25条1項，刑事訴訟法181条1項ただし書

令和　元年　10月　23日
　東京地方裁判所刑事第1部
　　　　　　　裁判所書記官　　小澤順子⑩
　　　　　　　裁　判　官　　若田康夫⑩

Ⅵ-1-2　調書判決（ストーリーと関係なし）
　上訴の申立てがなく，宣告から14日以内に判決書謄本の請求がないときは，理由や証拠の標目を省略し，公判調書の末尾に，主文，罪となるべき事実，適用法条を記載し，判決書に代えることができる（規219条）。

勾留中の被告人の身柄

　勾留中の被告人につき，無罪，免訴，刑の免除，刑の執行猶予，公訴棄却，罰金または科料の裁判の告知があったときは，勾留状はその効力を失う。ただし，338条4号による公訴棄却の判決があった場合は除く（345条）。すなわち，これらの裁判の確定を待たずに，裁判の告知と同時に被告人の勾留は当然無効となり，何等の裁判も要せずに，被告人は釈放されることになる。無罪等の場合は，できるだけ早い機会に拘束状態を解く必要があり，有罪の場合であっても，被告人の逃亡のおそれは減少するとともに，刑の執行確保のための身柄拘束の必要性もなくなるからと考えられている。ただし，338条4号の公訴棄却の場合は，管轄違いの裁判とともに，手続上の瑕疵を補正して再起訴されることが予想されるため，被告人の身柄を確保しておく必要があるとして除外されている。むろん，これらの裁判も確定すれば勾留状は失効する。なお，拘置所に領置してある被告人の物品を被告人に交付（刑事収容法52条）する必要があるときは，拘置所まで被告人に任意同行を求めることとなるが，その際に手錠等を使用することは当然できない。

▶▶▶Ⅵ 裁　判

未決勾留日数の通算　未決勾留とは，勾留状による拘禁をいい，起訴後の勾留のみならず，起訴前の勾留も含む（なお，未決勾留には，鑑定留置〔167条6項〕，少年鑑別所への収容〔少53条〕等も含まれる）。未決勾留は，被告人が罪証を隠滅するおそれがあったり，逃亡するおそれがあったりするために（60条参照），行われる処分であって，むろん刑罰ではない。しかし，人の自由を剥奪する点で自由刑の執行と共通するところがある。そこで，自由刑が言い渡される場合に，衡平の観念から，刑法は，未決勾留の全部または一部を本刑に算入することができるとした（刑21条）。これを裁定通算という。本刑とは，その未決勾留の理由となった罪につき科せられる刑をいう。さらに，刑事訴訟法は法定通算を定め，①上訴の提起期間中の未決勾留日数は，上訴申立て後の未決勾留の日数を除き，全部これを本刑に通算し（495条1項），②上訴申立て後の未決勾留の日数は，検察官が上訴を申し立てたとき，また検察官以外の者が上訴を申し立てた場合で原判決が破棄されたときは，全部これを本刑に通算することとした（495条2項）。

2　無罪判決

Ⅵ-1-3　通常第1審における終局人員の終局区分

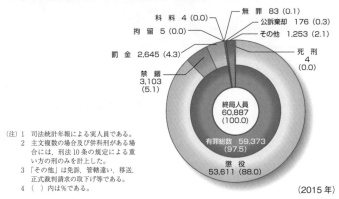

(2015年)

Ⅵ-1-4　通常第1審における無罪人員および無罪率

裁判所	区分 年次	判決人員 総数(A)	うち否認(B)	全部無罪人員 総数(C)	うち否認(D)	一部無罪人員 総数	うち否認(E)	無罪率 $\left(\dfrac{C}{A}\right)$ %	否認事件無罪率 $\left(\dfrac{D+E}{B}\right)$ %
地裁	2011年	56,992	4,904	79	78	(2) 62	59	0.14	2.91
	2012年	55,750	4,978	(2) 83	83	45	45	0.15	2.57
	2013年	51,291	5,173	(4) 114	114	61	60	0.22	3.36
	2014年	51,498	4,881	109	108	49	44	0.21	3.11
	2015年	53,191	4,885	(1) 71	90	71	70	0.13	2.87
簡裁	2011年	8,696	314	(5) 40	10	2	2	0.11	3.82
	2012年	7,934	291	(2) 7	7	—	—	0.09	2.41
	2013年	7,764	709	(426) 434	434	(3) 4	4	5.59	61.78
	2014年	6,857	264	(2) 15	15	2	—	0.22	5.68
	2015年	6,267	249	(6) 12	12	1	1	0.19	5.22

（　）内は再審事件で内数である。

Ⅵ-1-5 通常第1審事件の無罪理由別人員（単位は人，（ ）内は％）（地裁・簡裁）

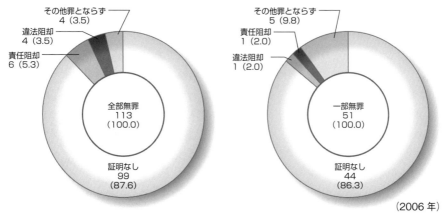

(2006年)

Ⅵ-1-6 無罪判決の公示（官報）

再審による無罪判決の公示
菅家利和（無職，昭和二一年一〇月一一日生）に対して，「平成二年五月一二日，（一）栃木県足利市伊勢南町九番地三所在のパチンコ店「ロッキー」の駐車場で，松田真実（当時4歳）にわいせつな行為をする目的で声をかけ，同市内の渡良瀬川河川敷内低水路護岸上まで同児を連行して誘拐し，（二）同児の頭部を両手で絞めつけて窒息死させて殺害し，（三）同児の死体を付近の草むらに運んで捨てた」との事実につき，有罪判決（無期懲役）が確定していたが，再審の結果犯人でないことが明らかとなったから，平成二二年三月二六日無罪の言渡しをした。
宇都宮地方裁判所

費用補償・刑事補償 　無罪判決を受けると補償がなされる。補償制度には2種類がある。第1は，費用補償（188条の2〜188条の7）であり，裁判に要した費用すなわち被告人・弁護人の出頭旅費，日当および宿泊費ならびに弁護費用（188条の6）を，国が補償する制度である。これは，次の刑事補償が身柄が拘束された場合に限られ，また国家賠償の場合には，国または公共団体の故意・過失の立証を必要とするのに対し，被告人であった者の保護の観点から，これらの制約なくして補償をなす制度である。第2は，刑事補償（刑事補償1条1項・25条1項）であり，国に対して抑留・拘禁に対する補償を請求できるとする制度である（1日当たり1000円以上1万2500円以下〔刑事補償4条1項〕）。これは，憲法40条を受けて設けられた制度である。刑事補償を請求する場合でも，さらに国家賠償（国家賠償1条1項）を請求することもできる（刑事補償5条1項）。なお，被疑者として抑留・拘禁を受けた者が不起訴となり，その者が罪を犯さなかったと認めるに足りる十分な理由があるときは，検察官は抑留・拘禁に対する補償をなす（被疑者補償規程2条）。これを被疑者補償という。

▶▶▶Ⅵ　裁　　判

❷　裁 判 の 効 力

　裁判は，確定以前にも一定の効果を発生させるが（例えば，無罪判決の告知に伴う勾留状の失効），その本来的効力は裁判の確定によって発生する。裁判の確定とは，通常の不服申立て方法ではもはや争えなくなることをいい，これに伴ってさまざまな効力が発生する。すなわち，①裁判の意思表示内容が確定する，②刑の言渡し判決であれば執行力が発生する（471条），③裁判の判断内容が後訴を拘束する，④実体裁判であれば同一事件につき再訴が遮断される（337条1号），などである。これらの諸効力の理論的根拠をめぐっていわゆる確定力の理論が展開されてきた。

確定力と再訴遮断効
　再訴遮断効の伝統的な学説は，公訴事実説を前提として，一事不再理効（ne bis in idem）を実体的確定力の対外的効力と理解して，その客観的範囲は公訴事実の同一性の範囲に及ぶとしてきた。しかし，訴因制度の導入により，かかる理論構成は不可能となり，訴因説を前提として，視点を，審判対象から訴追対象に移動させて，検察官は公訴事実の範囲で訴追が可能であったことつまり被告人は公訴事実の範囲で「危険」に置かれたことから，被告人は「二度の危険には置かれない」という二重危険禁止の原則から，従来の一事不再理効の客観的範囲である公訴事実の同一性の範囲と同じ範囲での再訴遮断効を基礎付けるといういわゆる二重危険説（double jeopardy）が有力に唱えられ，今日では，通説・判例となった。その結果，従来の実体的確定力から一事不再理効を抜き取った確定力の理論構成が改めて問題となり，形式的確定力（不可争力），内容的確定力（拘束力），実質的確定力（既判力）などの多様な概念を用いた多くの確定力説が展開されることとなった。

❸　一事不再理の効力

　確定判決があるにもかかわらず同一事件について再訴があれば免訴となる（337条1号）。すなわち，確定判決には一事不再理（ne bis in idem）の効力が発生し，これは憲法の保障するところである（憲39条）。一事不再理効については，主につぎの3点が問題となる。①一事不再理効はいかなる裁判に発生するか，②一事不再理効は何時発生するか，そして③一事不再理効はいかなる範囲で発生するか，である。通説によれば，①については，有罪・無罪の実体裁判に発生し，公訴棄却の形式裁判には発生しない。免訴判決については，これを形式裁判としつつ，免訴理由の特殊性から一事不再理効を認めてきた。②については，実体裁判の形式的確定により発生し，③については，公訴事実の同一性の範囲に及ぶとしてきた。

常習犯の一事不再理効
　例えば，常習累犯窃盗は実体法上は一罪であるから，その中間にたまたま単純窃盗の確定判決があっても，一事不再理効は一罪の全体に及ぶと考えられてきた（最判昭和43・3・29刑集22巻3号153頁）。これに対して，実体的には常習特殊窃盗を構成するとみられる数個の窃盗行為につき，前訴において単純窃盗として判決を受け，後訴も単純窃盗として起訴された場合につき，「公訴事実の単一性についての判断は，基本的には，前訴及び後訴の各訴因のみを基準としてこれらを比較対照することにより行うのが相当」との見地から，常習性の発露という要素を考慮すべき契機が存在しない以上，単純窃盗としての前訴の確定判決の一事不再理効は，単純窃盗として起訴された後訴には及ばないとする判例がある（最判平成15・10・7刑集57巻9号1002頁）。ただし，前訴または後訴が常習犯の訴因である場合は，常習性の発露という要素が問題となることに注意すべきである。

Ⅶ 救済手続

1 上訴

　上訴とは，未確定の裁判につき，上級裁判所の審判による救済を求める不服申立ての制度であり，控訴，上告および抗告の3種類がある。**控訴**は，高等裁判所への不服申立てであり，控訴理由としては，訴訟手続の法令違反（377条・378条・379条），法令適用の誤り（380条），量刑不当（381条），事実誤認（382条）などがある。**上告**は，最高裁判所への不服申立てであり，上告理由は憲法違反および判例違反である（405条）。**抗告**は，裁判所の決定または命令に対する不服申立てであり，これには一般抗告と特別抗告（433条）とがある。

　一般抗告には，法律に特別の定めがある場合に認められる即時抗告（419条但書）と，即時抗告ができる場合を除いた裁判所の決定に対する通常抗告（419条本文）とがある。

　その他，厳密な意味では上訴概念に含まれない不服申立てとして，高等裁判所の決定に対する抗告に代わる異議申立て（428条）および準抗告の制度がある。準抗告には，裁判官のした決定に対する準抗告（429条）と捜査機関のした処分に対する準抗告（430条）がある。

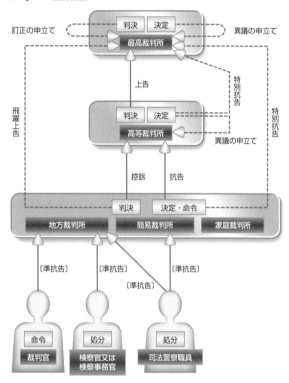

Ⅶ-**1**-1　上訴概観

不利益変更禁止の原則

被告人が控訴をし，または被告人のために控訴をした事件については，原判決の刑より重い刑を言い渡すことはできない（402条）。これを不利益変更禁止の原則という。これは，原判決よりも重い刑を言い渡される可能性を認めたのでは，被告人が控訴することをためらうことになるからとして，政策的に認められた原則である。重刑変更の禁止であるから，事実認定，法令の適用を被告人に不利益に変更することは本条と関係がない。「重い刑」に変更されたかどうかは，刑法10条を一応の基準とするが，具体的には個別的に判断するほかない。判例は，例えば懲役6月執行猶予3年を禁錮3月の実刑とするのは不利益変更に当たり，逆に懲役1年の実刑を懲役1年6月執行猶予3年としても不利益変更には当たらないなどとしている。

▶▶▶Ⅶ 救済手続

1 控訴

Ⅶ-1-2 控訴申立人員および控訴率（地裁・簡裁）
（単位は人，（ ）内は%）

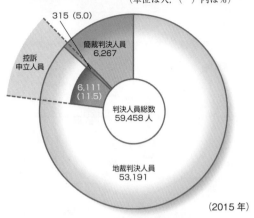

315 (5.0)
控訴申立人員
簡裁判決人員 6,267
6,111 (11.5)
判決人員総数 59,458人
地裁判決人員 53,191

（2015年）

Ⅶ-1-3 控訴申立書（→123頁）

平成31年（刑わ）第1300号

被告人　早見圭司

控　訴　申　立　書

東京高等裁判所　御中

　上記被告人に対する殺人・死体遺棄・覚せい剤取締法違反被告事件について，令和元年11月15日，東京地方裁判所刑事第3部が言い渡した有罪判決は，全部不服であるので，控訴を申し立てる。

令和元年11月26日

上記被告人
弁護人　二　木　貴　子　㊞

Ⅶ-1-4 控訴審における終局人員の控訴理由別内訳

	終局人員（6,078）	
	被告人側	検　察　官
控訴申立人総数	5,814	80
刑訴法377条・378条	106 （ 1.8）	―　（ ― ）
訴訟手続の法令違反（379条）	404 （ 6.9）	4 （0.05）
法令適用の誤り（380条）	238 （ 4.1）	16 （18.8）
量刑不当（381条）	4,137 （71.2）	30 （37.5）
事実の誤認（382条）	1,839 （31.6）	49 （58.8）
判決後の情状（393条2項）	643 （11.1）	1 （0.01）
その他	27 （ 0.5）	1 （0.01）

（　）内は各控訴申立人総数に対する%。
（2016年）

事実誤認の意義　　382条にいう事実誤認とは，原判決の事実認定が控訴審の裁判官の心証と一致しないことをいうのか（心証不一致説），それとも，その事実認定に論理則・経験則違反があることをいうのか（論理則・経験則違反説）が，控訴審の構造と関係して問題となる。判例は，控訴審の性格が事後審であることから，事実誤認とは，原判決の事実認定が論理則・経験則に照らして不合理であることをいうとして論理則・経験則違反説を採用した上，控訴審は，原判決の事実認定が論理則・経験則に照らして不合理であることを具体的に示す必要があるとして，第1審の裁判員裁判の無罪判決を破棄して有罪とした控訴審判決を破棄している（最判平成24・2・13刑集66巻4号482頁）。なお，本判決の判断基準から，第1審の裁判員裁判の無罪判決を破棄して有罪とした判例もある（最決平成25・4・16刑集67巻4号549頁等）。

裁判員制度と上訴制度　　上訴について，裁判員裁判に関する規定には特別な規定は設けられていない。したがって，裁判官のみによる控訴審が事後審として裁判員の参加した裁判について審査することになる。また，制度的には，控訴審が原判決を破棄して自判することも可能である。しかし，裁判員制度の導入は，第1審中心主義を格段に強化したのであるから，控訴審としては，原判決を破棄する場合には，原則として，事件を原審に差し戻すこととなろう。その場合には，差戻審も地方裁判所であるから，改めて裁判員の参加する合議体で扱われることになる。

▶▶▶ 1　上　訴

Ⅶ-**1**-5　控訴趣意書（→123頁）

令和元年（う）第3000号覚せい剤取締法違反被告事件
控訴人　被告人　早見圭司

控　訴　趣　意　書

東京高等裁判所第5刑事部　御中

令和2年1月10日

　上記の者に対する頭書事件について，弁護人の控訴趣意は，下記のとおり
である。

弁護人　深　見　哲　也　㊞

記

第1　訴訟手続の法令違反
　1　原審において，検察官は，訴因の変更請求を行い，原判決裁判所は，こ
　　れを許可し，変更後の訴因に基づいて，被告人を有罪とした。
　　　しかしながら，変更後の訴因は，犯行の日時，場所を特定したものとは
　　到底言えず，刑訴法256条3項に違反しているから，原判決裁判所の訴訟
　　手続には法令違反がある（刑訴法379条）。
　　　…略…

第2　事実誤認
　1　原判決は，被告人が覚せい剤を使用したものと認めた。
　　　しかしながら，被告人は，変更後の訴因の日時に，覚せい剤を使用した
　　ことはなく，原判決は事実を誤認したものである（刑訴法382条）。
　　　…略…

Ⅶ-**1**-6　判決（控訴審）（→123頁）

令和2年2月26日宣告　裁判所書記官　竹内英昭
令和元年（う）第3000号

判　　決

本籍　広島県広島市安芸区船越1丁目4番2号
住居　東京都品川区中延3丁目4番6号平和ハイツ206号室
職業　会社員

早　見　圭　司
平成3年9月14日生

　上記の者に対する覚せい剤取締法違反被告事件について，令和元年11月15
日東京地方裁判所が言い渡した判決に対し，弁護人から控訴の申立てがあっ
たので，当裁判所は検察官山元正俊出席のうえ審理し，次のとおり判決する。
主　　文
本件控訴を棄却する。
理　　由
　本件控訴の趣意は，弁護人深見哲也提出の控訴趣意書，これに対する答弁
は検察官木村貴提出の答弁書に，それぞれ記載されているとおりであるから
これらを引用する。
　弁護人の控訴趣意のうち訴訟手続の法令違反をいう点は，要するに，原審
は検察官による訴因変更を許可し，変更後の訴因に基づいて被告人を有罪と
したが，変更後の訴因は，犯行の日時，場所を特定したものとはいえないか
ら，原審の訴訟手続は，刑訴法256条3項に違反しているというのである。
　しかしながら，同条は，検察官に「できる限り」事実を特定するよう求め
ているものであり，被告人から採取した尿に覚せい剤反応が認められたもの
の，被告人が，何時，どこで，覚せい剤を使用したか供述していない場合に
は（本件では，被告人が自白した日時，場所が虚偽であると判明し，結局
この点について被告人の供述はないことになる）ある程度の幅をもった訴因
の記載で足りると解すべきである。
　…以下略…

　よって，刑訴法396条により，本件控訴を棄却することとし，当審におけ
る訴訟費用を被告人に負担させないことにつき同法181条1項但書を適用し
て，主文のとおり判決する。
　令和2年2月26日

東京高等裁判所第5刑事部
裁判長裁判官　山　中　健次郎　㊞
裁判官　横　山　加寿子　㊞
裁判官　田　処　英次郎　㊞

控訴審の構造と審判対象

　　　　　　　　　　　控訴審の構造について，事件について全く新たに審判をやりな
おすとする「覆審説」と，事件そのものではなく，原判決の当否を審査するとする「事後審説」とが
あったが，通説・判例は，現行法の控訴審の構造は事後審であると解している。そこで，問題となる
のは控訴審における職権調査の範囲である。判例は，いわゆる「新島ミサイル事件」において，被告
人が科刑上一罪の一部の有罪部分につき控訴した事案につき，控訴審の性格は原則として事後審たる
べきものであり，その事後審査も当事者の控訴趣意を中心とするのが建前であることから，「無罪と
された部分については，被告人から不服を申し立てる利益がなく，検察官からの控訴申立もないので
あるから，当事者間においては攻防の対象からはずされたものとみることができる」として，無罪部
分につき職権調査を及ぼして有罪とすることはできないとした（最大決昭和46・3・24刑集25巻2
号293頁）。これは「攻防対象論」とよばれ，控訴審の事後審としての性格をよく示した判例である。

▶▶▶Ⅶ 救済手続

2 上 告

Ⅶ-**1**-7　上告申立人員および上告率（高裁）

年次＼区分	判決人員	上告申立人員	上告率（％）
2012 年	6,619	2,313	34.9
2013	6,108	2,017	33.0
2014	5,899	1,974	33.5
2015	6,078	1,891	31.1
2016	5,910	1,936	32.8

Ⅶ-**1**-8　上告申立書（→123 頁）

令和元年（う）第 3000 号

被告人 早 見 圭 司

上 告 申 立 書

最 高 裁 判 所 御 中

　上記被告人に対する覚せい剤取締法違反被告事件について，令和 2 年 2 月 26 日，東京高等裁判所第 5 刑事部が言い渡した控訴棄却判決に対し，上告を申し立てる。

　令和 2 年 3 月 9 日

弁護人 深 見 哲 也 ㊞

Ⅶ-**1**-9　上告趣意書（→123 頁）

令和 2 年（あ）第 300 号覚取締法違反被告事件

被告人 早 見 圭 司

上 告 趣 意 書

　　最高裁判所第二小法廷 御中

令和 2 年 4 月 23 日

　上記の者に対する頭書事件について，弁護人の上告趣意は，下記のとおりである。

弁護人 竹 原 美 保 ㊞

記

第 1 点　判例違反
　1　原判決は，被告人は特定されていない訴因により有罪判決を下されたという訴訟手続の法令違反を指摘した弁護人の控訴趣意について，「…略…」と判示して，これを排斥した。
　　しかしながら，原判決のかかる判断は，最高裁判所ないし高等裁判所の判例に違反する（刑訴法 405 条 2 号ないし 3 号）。
　　　…略…

第 2 点　事実誤認
　1　原判決は，被告人に覚せい剤使用罪の事実を認めた。
　　しかしながら，原判決のかかる判断は重大な事実を誤認したものであり，原判決を破棄しなければ著しく正義に反する（刑訴法 411 条 3 号）。
　　　…略…

Ⅶ-**1**-10　判決（上告審）（ストーリーに関係なし）

平成 31 年（あ）第 200 号

判 決

本籍　神奈川県横浜市南区大岡 3 丁目 20 番 8 号
住居　神奈川県横浜市南区大岡 3 丁目 20 番 8 号

会社員 遠 藤 均
平成 6 年 2 月 1 日生

　上記の者に対する業務上過失致死被告事件について，平成 31 年 4 月 16 日東京高等裁判所が言い渡した判決に対し，被告人から上告の申立てがあったので，当裁判所は，次のとおり判決する。
主 文
　原判決及び第 1 審判決を破棄する。
　被告人は無罪。
理 由
　弁護人川上力外の上告趣意は，憲法 31 条，37 条 1 項，2 項，82 条違反をいう点を含め，その実質はすべて法令違反，事実誤認の主張であって，刑訴法 405 条の上告理由に当たらない。
　しかしながら，所論にかんがみ職権で調査すると，原判決及び第 1 審判決は以下の理由により破棄を免れない。
　　…略…
　よって，刑訴法 411 条 3 号，413 条但書，414 条，404 条，336 条により，裁判官全員一致の意見で，主文のとおり判決する。
　平成 31 年 4 月 22 日

最高裁判所第三小法廷
　裁判長裁判官　α　㊞
　裁判官　β　㊞
　裁判官　ω　㊞
　裁判官　θ　㊞

Ⅶ-**1**-11　決定（上告審）（→123 頁）

令和 2 年（あ）第 300 号

決 定

本籍　広島県広島市安芸区船越 1 丁目 4 番 2 号
住居　東京都品川区中延 3 丁目 4 番 6 号平和ハイツ 206 号室

会社員 早 見 圭 司
平成 3 年 9 月 14 日生

　上記の者に対する覚せい剤取締法違反被告事件について，令和 2 年 2 月 26 日，東京高等裁判所が言い渡した判決に対し，被告人から上告の申立てがあったので，当裁判所は，次のとおり決定する。
主 文
　本件上告を棄却する。
理 由
　弁護人の上告趣意のうち，判例違反をいう点は，所論引用の判例は所論のような趣旨を判示したものではないから，その前提を欠き，その余は，事実誤認の主張であって，いずれも刑訴法 405 条の上告理由にあたらない。
　よって，刑訴法 414 条，386 条 1 項 3 号により，裁判官全員一致の意見で，主文のとおり決定する。

　令和 2 年 6 月 23 日

最高裁判所第二小法廷
　裁判長裁判官　A　㊞
　裁判官　B　㊞
　裁判官　C　㊞
　裁判官　D　㊞
　裁判官　E　㊞

❷ 非 常 手 続

裁判が確定すれば訴訟手続は終了し，再度これをむし返すことは許されない。しかし，裁判に重大な誤りのあることが判明したときに，これを放置することは正義に反する。そこで，非常手続として，事実誤認から被告人を救済する制度としての**再審**制度と法令違反の是正についての**非常上告**の制度が認められている。再審制度については，憲法39条の精神から利益再審のみが認められている。

1 再　審

再審事由は，フランス法のファルサ（偽証拠〔435条1号〜5号〕と職務犯罪〔同7号〕）とドイツ法のノヴァ（新証拠〔同6号〕）が併用されているが，実際に多いのは，435条6号の新規かつ明白な新証拠による再審請求である。

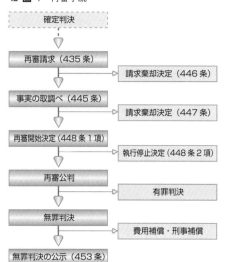

Ⅶ-❷-1　再審手続

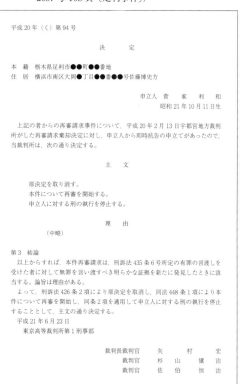

Ⅶ-❷-2　再審開始決定（東京高決平成21・6・23判例時報2057号168頁〔足利事件〕）

Ⅶ-❷-3　再審請求事件の罪名別終局区分

区分 罪名	既済人員	請求人		終局区分			
		検察官	本人側	棄却	再審開始	取下げ	その他
総数	1,508	445	1,068	1,002	458	31	17
道路交通法違反	471	440	31	28	441	2	―
業務上過失傷害	15	2	13	11	2	1	1
殺人	118	―	118	109	2	3	4
強盗致死	97	―	97	91	2	―	4
死体遺棄	1	―	1	―	1	―	―
業務上過失致死	1	1	―	1	1	―	―
都道府県規則違反	1	―	1	1	―	―	―
その他	805	3	808	761	15	26	8

（2011年〜2015年累計）

131

▶▶▶Ⅶ 救済手続

2 非常上告

　非常上告とは，法令違反を理由として，確定判決またはその訴訟手続の破棄を請求することをいう。確定判決の誤りを是正するという点で，事実誤認から被告人を救済する再審制度と共通するが，非常上告は法令解釈の統一を目的とする点で，再審とは異なる。非常上告は，検事総長が最高裁判所に対して行う。

Ⅶ-**2**-4　再審請求事件の請求人別・請求事由別既済人員　　　(高・地・簡裁総数)

請求理由＼区分			既済人員	請求人	
				検察官	本人側
総　　数			1,508	445	1,063
請求の理由の主張のあるもの	刑訴法 435 条	1 号	128	1	127
		2 号	131	—	131
		3 号	37	—	37
		4 号	18	—	18
		5 号	4	—	4
		6 号	990	444	546
		7 号	116	—	116
	刑訴法 436 条 1 項	1 号	8	—	8
		2 号	6	—	6
	旧刑訴法 485 条	6 号	—	—	—
適法な請求の理由の主張のないもの			399		399

請求原因が複数ある場合は，各欄に重複して計上してある。

(2011 年～2015 年累計)

Ⅶ-**2**-5　再審開始決定の確定した著名事件 (1976 年～2015 年)

番号	通称事件名 罪名	原裁判			再審開始決定	再審公判	登載文献
1	弘前大学教授夫人殺し事件 殺人　銃砲等所持　禁止令違反	青森地裁 弘前支部 昭 26.1.12 罰金 5000 円 殺人は無罪	仙台高裁 昭 27.5.31 破棄 懲役 15 年	最高裁 昭 28.2.19 棄却	仙台高裁 昭 51.7.13	仙台高裁昭 52.2.15 殺人につき控訴棄却 (無罪) 銃砲等所持禁止令違反につき罰金 5000 円	高刑集 29・3・323 (開始決定) 判タ 339・204 (開始決定) 判時 819・14 (開始決定) 高刑集 30・1・28 (無罪判決) 判時 849・49 (無罪判決)
2	加藤老事件 強盗殺人	山口地裁 大 5.2.14 無期懲役	広島控訴院 大 5.8.4 原判決取消 無期懲役	大審院 大 5.11.7 棄却	広島高裁 昭 51.9.18	広島高裁 昭 52.7.7 判決宣告　無罪	高刑集 29・4・477 (開始決定) 判タ 339・204 (開始決定) 判時 827・18 (開始決定) 刑月 9・7-8・381 (無罪判決) 判タ 350・186 (無罪判決) 判時 859・13 (無罪判決)
3	青森老女殺し事件 強姦致死　殺人	青森地裁 昭 27.12.5 懲役 10 年	仙台高裁 昭 28.8.22 棄却		仙台高裁 昭 51.10.30	青森地裁 昭 53.7.31 判決宣告　無罪	高刑集 29・4・557 (開始決定) 判時 838・3 (開始決定) 判時 905・15 (無罪判決)
4	財田川事件 強盗殺人	高松地裁 丸亀支部 昭 27.2.20 死刑	高松高裁 昭 31.6.8 棄却	最高裁 昭 32.1.22 棄却	高松地裁 昭 54.6.5	高松地裁 昭 59.3.12 判決宣告　無罪	刑月 11・6・700 (開始決定) 判時 929・37 (開始決定) 判タ 523・75 (無罪判決) 判時 1107・13 (無罪判決)
5	免田事件 住居侵入　強盗殺人 同未遂　窃盗	熊本地裁 八代支部 昭 25.3.23 死刑	福岡高裁 昭 26.3.19 棄却	最高裁 昭 26.12.25 棄却	福岡高裁 昭 54.9.27	熊本地裁 八代支部 昭 58.7.15 判決宣告 住居侵入，強盗殺人，同未遂につき無罪　窃盗につき懲役 6 月 執行猶予 1 年	高刑集 32・2・186 (開始決定) 判タ 403・60 (開始決定) 判時 939・13 (開始決定) 判時 1090・21 (無罪判決)
6	松山事件 強盗殺人　非現住　建造物放火	仙台地裁 古川支部 昭 32.10.29 死刑	仙台高裁 昭 34.5.26 棄却	最高裁 昭 35.11.1 棄却 昭 35.11.22 判決訂正申立棄却	仙台高裁 昭 54.12.6	仙台地裁 昭 59.7.11 判決宣告　無罪	刑月 11・12・1632 (開始決定) 判時 949・11 (開始決定) 判タ 540・97 (無罪判決) 判時 1127・34 (無罪判決)
7	徳島ラジオ商殺し事件 殺人	徳島地裁 昭 31.4.18 懲役 13 年	高松高裁 昭 32.12.21 棄却	最高裁 昭 33.5.12 取下げ	徳島地裁 昭 55.12.13	徳島地裁 昭 60.7.9 判決宣告 無罪	刑月 12・12・1285 (開始決定) 判時 990・20 (開始決定) 判タ 561・180 (無罪判決) 判時 1157・3 (無罪判決)
8	梅田事件 強盗殺人　死体遺棄	釧路地裁 網走支部 昭 28.7.7 無期懲役	札幌高裁 昭 31.12.15 棄却	最高裁 昭 32.11.14 棄却 昭 32.12.19 判決訂正申立棄却	釧路地裁 網走支部 昭 57.12.20	釧路地裁 網走支部 昭 61.8.27 判決宣告 無罪	刑月 14・11-12・845 (開始決定) 判時 1065・34 (開始決定) 判時 1212・3 (無罪判決)
9	島田事件 強姦致傷　殺人	静岡地裁 昭 33.5.23 死刑	東京高裁 昭 35.2.17 棄却	最高裁 昭 35.12.15 棄却 昭 35.12.26 判決訂正申立棄却	静岡地裁 昭 61.5.29	静岡地裁 平元.1.31 判決宣告 無罪	判時 1193・31 (開始決定) 判タ 700・114 (開始決定) 判時 1316・21 (無罪判決)
10	榎井村事件 殺人　窃盗　住居侵入 建造物侵入　銃砲等所持禁止令　違反	高松地裁 昭 22.12.24 無期懲役	高松高裁 昭 23.11.9 棄却 懲役 15 年	最高裁 昭 24.4.28 棄却	高松高裁 平 5.11.1	高松高裁 平 6.3.22 判決宣告 住居侵入，殺人につき無罪　窃盗につき懲役 2 年執行猶予 3 年	判時 1509・146 (開始決定) 判時 1523・155 (無罪判決)
11	横浜事件 (A ほか 4 名) 治安維持法違反	横浜地裁 昭 20.8.29 (1 名) 昭 20.8.30 (2 名) 昭 20.9.15 (2 名) 各懲役 2 年 執行猶予 3 年			横浜地裁 平 15.4.15	横浜地裁 平 18.2.9 判決宣告　各免訴 東京高裁 平 19.1.19 各控訴棄却 最高裁 平 20.3.14 各上告棄却	判時 1820・45 (開始決定) 高刑集 60・1・1 (控訴棄却) 判タ 1239・349 (控訴棄却) 判タ 1266・143 (上告棄却) 判時 2002・26 (上告棄却)

132

		第一審	控訴審	上告審	再審開始	再審判決	出典
12	氷見事件 住居侵入　強姦 強姦未遂	富山地裁 高岡支部 平14.11.27 懲役3年			富山地裁 高岡支部 平19.4.12	富山地裁　高岡支部 平19.10.10 判決宣告　無罪	
13	横浜事件 治安維持法違反	横浜地裁 昭20.9.15 懲役2年 執行猶予3年			横浜地裁 平20.10.31	横浜地裁 平21.3.30 判決宣告　免訴	
14	足利事件 わいせつ誘拐　殺人 死体遺棄	宇都宮地裁 平5.7.7 無期懲役	東京高裁 平8.5.9 棄却	最高裁 平12.7.17 棄却 平12.7.16 異議申立棄却	東京高裁 平21.6.23	宇都宮地裁 平22.3.26 判決宣告　無罪	判タ1303・90（開始決定） 判時2057・168（開始決定） 判タ2084・157（無罪判決）
15	布川事件 Aにつき強盗殺人 　窃盗 Bにつき強盗殺人 暴行　傷害　恐喝 暴力行為等処罰に関する法律違反	水戸地裁 土浦支部 昭45.10.6 (2名) 各無期懲役	東京高裁 昭48.12.20 各棄却	最高裁 昭53.7.3 各棄却 昭53.7.12 各異議申立棄却	水戸地裁 土浦支部 平17.9.21	水戸地裁　土浦支部 平23.5.24 A　強盗殺人につき無罪　窃盗につき懲役2年執行猶予3年 B　強盗殺人につき無罪　暴行,傷害,恐喝,暴力行為等処罰に関する法律違反につき懲役2年執行猶予3年	
16	東京電力女性社員殺害事件 強盗殺人	東京地裁 平12.4.14 無罪	東京高裁 平12.12.22 無期懲役	最高裁 平15.10.20 無期懲役	東京高裁 平24.6.7	東京高裁 平24.11.7 判決宣告　控訴棄却（無罪）	高刑集65・2・4（開始決定） 判タ1400・372（無罪判決）
17	強姦虚偽証言事件 強制わいせつ　強姦	大阪地裁 平21.5.15 懲役12年	大阪高裁 平22.7.21 棄却	最高裁 平23.4.21 棄却	大阪地裁 平27.2.27	大阪地裁 平27.10.16 判決宣告　無罪	
18	東住吉事件 大阪女児焼死事件 現住建造物等放火 殺人　詐欺未遂 （平成21年（た）第11号事件）	大阪地裁 平11.3.30 無期懲役	大阪高裁 平16.12.20 棄却	最高裁 平18.11.7 棄却 平18.11.24 判決訂正申立棄却	大阪地裁 平24.3.7	大阪地裁 平28.8.10 判決宣告　無罪	判時2324・28（無罪判決） 判タ1437・226（無罪判決）
19	東住吉事件 大阪女児焼死事件 現住建造物等放火 殺人　詐欺未遂 （平成21年（た）第8号事件）	大阪地裁 平11.5.18 無期懲役	大阪高裁 平16.11.2 棄却	最高裁 平18.12.11 棄却 平18.12.22 判決訂正申立棄却	大阪地裁 平24.3.7	大阪地裁 平28.8.10 判決宣告　無罪	判時2324・11（無罪判決）

（注）　最高裁判所事務総局刑事局への個別報告による。

Ⅷ　裁判の執行

　裁判の執行とは，裁判の意思表示内容を国家権力により強制的に実現することをいう。刑の執行だけでなく，追徴・訴訟費用などの刑の付随的処分の執行，過料・費用賠償などの刑以外の制裁処分の執行，さらに勾留・捜索・押収などの強制処分の執行なども含まれる。裁判の執行指揮者は，原則として，検察官である。執行指揮は書面で行う。

Ⅷ-1　執行概観

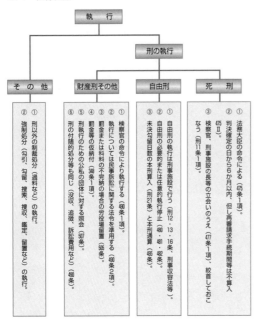

Ⅷ-2　執行指揮書（→76頁）

刑の執行　　裁判の執行の中核は，刑の執行である。①死刑の執行は，法務大臣の命令による（475条1項）。この命令は，判決確定の日から6か月以内にしなければならない。ただし，再審請求等がなされ，その手続が終了するまでの期間はその期間に算入されない（同2項）。②自由刑の執行は，刑事施設で行う（刑事収容法等）。ただし，検察官は，心神喪失の状態のときは刑の執行を停止し（480条），健康等の重大な事由があるときは刑の執行を停止することができる（482条）。③財産刑等の執行も，検察官の命令により執行するが，この命令は執行力のある債務名義と同一の効力を有する（490条1項）。執行には民事訴訟関連法令が準用される。

法テラス全国地方事務所　一覧

「法テラス」は正式名称を日本司法支援センターと言い，総合法律支援法に基づき独立行政法人の枠組みに従って設立された法人です。

2018 年 2 月現在

法テラスホームページ：http://www.houterasu.or.jp/

法テラス本部	〒164-8721	東京都中野区本町 1-32-2　ハーモニータワー 8F	050-3383-5333
札幌	〒060-0061	札幌市中央区南 1 条西 11-1　コンチネンタルビル 8F	050-3383-5555
函館	〒040-0063	函館市若松町 6-7　三井生命函館若松町ビル 5F	050-3383-5560
旭川	〒070-0033	旭川市 3 条通 9-1704-1　TK フロンティアビル 6F	050-3383-5566
釧路	〒085-0847	釧路市大町 1-1-1　道東経済センタービル 1F	050-3383-5567
宮城	〒980-0811	仙台市青葉区一番町 3-6-1　一番町平和ビル 6F	050-3383-5535
福島	〒960-8131	福島市北五老内町 7-5　イズム 37 ビル 4F	050-3383-5540
山形	〒990-0042	山形市七日町 2-7-10　NANA BEANS 8F	050-3383-5544
岩手	〒020-0022	盛岡市大通 1-2-1　岩手県産業会館本館 2F	050-3383-5546
秋田	〒010-0001	秋田市中通 5-1-51　北都ビルディング 6F	050-3383-5550
青森	〒030-0861	青森市長島 1-3-1　日本赤十字社青森県支部ビル 2F	050-3383-5552
東京	〒160-0023	新宿区西新宿 1-24-1　エステック情報ビル 13F	050-3383-5300
神奈川	〒231-0023	横浜市中区山下町 2　産業貿易センタービル 10F	050-3383-5360
埼玉	〒330-0063	さいたま市浦和区高砂 3-17-15　さいたま商工会議所会館 6F	050-3383-5375
千葉	〒260-0013	千葉市中央区中央 4-5-1　Qiball（きぼーる）2F	050-3383-5381
茨城	〒310-0062	水戸市大町 3-4-36　大町ビル 3F	050-3383-5390
栃木	〒320-0033	宇都宮市本町 4-15　宇都宮 NI ビル 2F	050-3383-5395
群馬	〒371-0022	前橋市千代田町 2-5-1　前橋テルサ 5F	050-3383-5399
静岡	〒420-0853	静岡市葵区追手町 9-18　静岡中央ビル 2F	050-3383-5400
山梨	〒400-0032	甲府市中央 1-12-37　IRIX ビル 1F・2F	050-3383-5411
長野	〒380-0835	長野市新田町 1485-1　長野市もんぜんぷら座 4F	050-3383-5415
新潟	〒951-8116	新潟市中央区東中通 1 番町 86-51　新潟東中通ビル 2F	050-3383-5420
愛知	〒460-0008	名古屋市中区栄 4-1-8　栄サンシティービル 15F	050-3383-5460
三重	〒514-0033	津市丸之内 34-5　津中央ビル	050-3383-5470
岐阜	〒500-8812	岐阜市美江寺町 1-27　第一住宅ビル 2F	050-3383-5471
福井	〒910-0004	福井市宝永 4-3-1　三井生命福井ビル 2F	050-3383-5475
石川	〒920-0937	金沢市丸の内 7-36　金沢弁護士会館内	050-3383-5477
富山	〒930-0076	富山市長柄町 3-4-1　富山県弁護士会館 1F	050-3383-5480
大阪	〒530-0047	大阪市北区西天満 1-12-5　大阪弁護士会館 B1F	050-3383-5425
京都	〒604-8005	京都市中京区河原町通三条上る恵比須町 427　京都朝日会館 9F	050-3383-5433
兵庫	〒650-0044	神戸市中央区東川崎町 1-1-3　神戸クリスタルタワービル 13F	050-3383-5440
奈良	〒630-8241	奈良市高天町 38-3　近鉄高天ビル 6F	050-3383-5450
滋賀	〒520-0047	大津市浜大津 1-2-22　大津商中日生ビル 5F	050-3383-5454
和歌山	〒640-8155	和歌山市九番丁 15 番地　九番丁 MG ビル 6F	050-3383-5457
広島	〒730-0013	広島市中区八丁堀 2-31　広島鴻池ビル 1F	050-3383-5485
山口	〒753-0072	山口市大手町 9-11　山口県自治会館 5F	050-3383-5490
岡山	〒700-0817	岡山市北区弓之町 2-15　弓之町シティセンタービル 2F	050-3383-5491
鳥取	〒680-0022	鳥取市西町 2-311　鳥取市福祉文化会館 5F	050-3383-5495
島根	〒690-0884	松江市南田町 60	050-3383-5500
香川	〒760-0023	高松市寿町 2-3-11　高松丸田ビル 8F	050-3383-5570
徳島	〒770-0834	徳島市元町 1-24　アミコビル 3F	050-3383-5575
高知	〒780-0870	高知市本町 4-1-37　丸ノ内ビル 2F	050-3383-5577
愛媛	〒790-0001	松山市一番町 4-1-11　共栄興産一番町ビル 4F	050-3383-5580
福岡	〒810-0004	福岡市中央区渡辺通 5-14-12　南天神ビル 4F	050-3383-5501
佐賀	〒840-0801	佐賀市駅前中央 1-4-8　太陽生命佐賀ビル 3F	050-3383-5510
長崎	〒850-0875	長崎市栄町 1-25　長崎 MS ビル 2F	050-3383-5515
大分	〒870-0045	大分市城崎町 2-1-7	050-3383-5520
熊本	〒860-0844	熊本市中央区水道町 1-23　加地ビル 3F	050-3383-5522
鹿児島	〒892-0828	鹿児島市金生町 4-10　アーバンスクエア鹿児島ビル 6F	050-3383-5525
宮崎	〒880-0803	宮崎市旭 1-2-2　宮崎県企業局 3F	050-3383-5530
沖縄	〒900-0023	那覇市楚辺 1-5-17　プロフェスビル那覇 2・3F	050-3383-5533

特定非営利活動法人全国被害者支援ネットワーク加盟団体　一覧

2018 年 2 月現在

北海道	北海道家庭生活総合カウンセリングセンター（北海道被害者相談室）		011-232-8740
	北・ほっかいどう総合カウンセリング支援センター（北・ほっかいどう被害者相談室）		0166-24-1900
青森	あおもり被害者支援センター		017-721-0783
岩手	いわて被害者支援センター		019-621-3751
宮城	みやぎ被害者支援センター		022-301-7830
秋田	秋田被害者支援センター		018-893-5937
			0120-62-8010
		庄内	0234-43-0783
山形	やまがた被害者支援センター		023-642-7830
福島	ふくしま被害者支援センター		024-533-9600
茨城	いばらき被害者支援センター		029-232-2736
栃木	被害者支援センターとちぎ		028-643-3940
群馬	被害者支援センターすてっぷぐんま		027-253-9991
埼玉	埼玉犯罪被害者援助センター		048-865-7830
千葉	千葉犯罪被害者支援センター		043-225-5450
東京	被害者支援都民センター		03-5287-3336
神奈川	神奈川被害者支援センター		045-311-4727
新潟	にいがた被害者支援センター	新潟	025-281-7870
		長岡	0258-32-7016
		上越	025-522-3133
富山	とやま被害者支援センター		076-413-7830
石川	石川被害者サポートセンター		076-226-7830
福井	福井被害者支援センター		0120-783-892
山梨	被害者支援センターやまなし		055-228-8622
長野	長野犯罪被害者支援センター	長野	026-233-7830
		中信	0263-73-0783
		南信	0265-76-7830
岐阜	ぎふ犯罪被害者支援センター		058-268-8700
			0120-968-783
静岡	静岡犯罪被害者支援センター		054-651-1011
愛知	被害者サポートセンターあいち		052-232-7830
三重	みえ犯罪被害者総合支援センター		059-221-7830
滋賀	おうみ犯罪被害者支援センター		077-525-8103
			077-521-8341
京都	京都犯罪被害者支援センター		075-451-7830
			0120-60-7830
		ほくぶ	0120-78-3974
大阪	大阪被害者支援アドボカシーセンター		06-6774-6365
兵庫	ひょうご被害者支援センター		078-367-7833
奈良	なら犯罪被害者支援センター		0742-24-0783
		中南和	0744-23-0783
和歌山	紀の国被害者支援センター		073-427-1000
鳥取	とっとり被害者支援センター		0120-43-0874
島根	島根被害者サポートセンター		0120-556-491
岡山	被害者サポートセンターおかやま		086-223-5562
広島	広島被害者支援センター		082-544-1110
山口	山口被害者支援センター		083-974-5115
徳島	徳島被害者支援センター		088-678-7830
香川	かがわ被害者支援センター		087-897-7799
愛媛	被害者支援センターえひめ		089-905-0150
高知	こうち被害者支援センター		088-854-7867

福岡	福岡犯罪被害者支援センター		092-735-3156
		北九州	093-582-2796
佐賀	被害者支援ネットワーク佐賀 VOISS		0952-33-2110
長崎	長崎犯罪被害者支援センター		095-820-4977
熊本	くまもと被害者支援センター		096-386-1033
大分	大分被害者支援センター		097-532-7711
宮崎	みやざき被害者支援センター		0985-38-7830
鹿児島	かごしま犯罪被害者支援センター		099-226-8341
沖縄	沖縄被害者支援ゆいセンター		098-866-7830

資 料 一 覧

Ⅰ-1-1　手続概観図　1

Ⅰ-2-1　年　表　2

Ⅰ-2-2　司法制度改革審議会意見書　2

Ⅰ-2-3　足利事件の再審無罪を伝える新聞報道【読売新聞】　2

Ⅰ-2-4　特捜検事の証拠改ざん事件を伝える新聞報道【読売新聞】　3

Ⅰ-2-5　新たな刑事司法制度の構築についての調査審議の結果【案】・検察の再生に向けて　3

Ⅰ-3-1　指締め拷具・臑締め拷具【藤沢衛彦監修・防犯図鑑（1961年，防犯研究会出版部）】　4

Ⅰ-3-2　石抱え拷具【藤沢衛彦監修・防犯図鑑（1961年，防犯研究会出版部）】　4

Ⅰ-3-3　糺問主義と弾劾主義　5

Ⅰ-3-4　職権主義と当事者主義　5

Ⅰ-4-1　警察庁と都道府県警察との関係　6

Ⅰ-4-2　検察と警察との関係　6

Ⅰ-4-3　国選弁護人の供給システムと支援センターの役割　7

Ⅰ-4-4　当番弁護士制度【弁護士白書】　8

Ⅰ-4-5　当番弁護士制度申込者・申込場所状況・申込者による連絡の時期【日本弁護士連合会】　8

Ⅰ-4-6　刑事被疑者弁護援助制度件数・実施総額【日本弁護士連合会】　9

Ⅰ-4-7　弁護人選任率【司法統計年報】　9

Ⅰ-4-8　被害者向けパンフレット【警視庁パンフレット・検察庁パンフレット】　10

Ⅰ-4-9　被害者向けパンフレット【警視庁パンフレット】　11

Ⅰ-4-10　犯罪被害者の地位概観　12

Ⅱ-1-1　職務質問の状況【警察庁】　14

Ⅱ-1-2　110番通報による現場急行【警察庁提供】　14

Ⅱ-1-3　交通検問【警察庁提供】　14

Ⅱ-1-4　刑法犯発生率と検挙率の推移【警察庁統計】　15

Ⅱ-1-5　刑法犯罪種別認知件数の推移【警察庁統計】　15

Ⅱ-1-6　刑法犯認知件数の罪名別構成比【警察庁統計】　15

Ⅱ-1-7　刑法犯の主要罪名別認知件数・検挙件数【警察庁統計】　16

Ⅱ-1-8　外国人入国者数および外国人検挙状況【警察庁統計】　16

Ⅱ-1-9　来日外国人刑法犯の国籍別検挙状況【警察白書】　17

Ⅱ-1-10　検視調書　17

Ⅱ-1-11　被害届　18

Ⅱ-1-12　告訴状　18

Ⅱ-1-13　告訴調書　18

Ⅱ-2-1　任意捜査と強制捜査　19

Ⅱ-2-2　実況見分調書　19

Ⅱ-2-3　鑑識活動【警察庁提供】　19

Ⅱ-2-4　捜査関係事項照会書　20

Ⅱ-2-5　身上調査照会回答書　20

Ⅱ-2-6　前科調書　20

Ⅱ-3-1　捜索差押許可状　22

Ⅱ-3-2　捜索差押令状等発付数【司法統計年報】　23

Ⅱ-3-3　捜索差押調書　23

Ⅱ-3-4　押収品目録　23

Ⅱ-3-5　（旧）検証許可状　24

Ⅱ-3-6　（旧）検証調書　24

Ⅱ-3-7　身体検査令状　25

Ⅱ-3-8　身体検査調書　25

Ⅱ-3-9　鑑定嘱託書　26

Ⅱ-3-10　鑑定処分許可状　26

Ⅱ-3-11　指掌紋自動識別システム【警察庁提供】　26

Ⅱ-3-12　防犯カメラの解析【警察庁提供】　27

Ⅱ-3-13　覚せい剤の予試験（簡易検査）【剣持加津夫・フォトルポタージュ「日本の麻薬禍」フラッシュバック（1998年，アスペクト）】　27

Ⅱ-3-14　押収された覚せい剤や注射器など【共同通信社】　27

Ⅱ-3-15　強制採尿令状　28

Ⅱ-3-16　カテーテル　28

Ⅱ-3-17　傍受令状　29

Ⅱ-3-18　通信傍受装置【毎日新聞社】　29

Ⅱ-3-19　ポリグラフ検査【毎日新聞社】　29

Ⅱ-3-20　DNA型鑑定【警察庁提供】　30

Ⅱ-3-21　STR法によるDNA型検査結果【警察庁提供】　30

Ⅱ-4-1　逮捕状　32

Ⅱ-4-2　逮捕状請求書　32

Ⅱ-4-3　逮捕状発付数【司法統計年報】　33

Ⅱ-4-4　警察での逮捕の種類別人員【警察庁】　33

Ⅱ-4-5　通常逮捕手続書　33

Ⅱ-4-6　緊急逮捕令状　33

Ⅱ-4-7　現行犯人逮捕手続書（甲）　34

Ⅱ-4-8　現行犯人逮捕手続書（乙）　34

Ⅱ-4-9　留置場前面【警察庁パンフレット】　34

Ⅱ-4-10　留置場【警察庁パンフレット】　34

Ⅱ-4-11　就寝中の被留置者【警察庁パンフレット】34

Ⅱ-4-12　罪名別検察庁既済事件の逮捕・勾留別人員【犯罪白書】35

Ⅱ-4-13　ミランダ・カード　35

Ⅱ-4-14　逮捕後の手続と人員【警察庁パンフレット】36

Ⅱ-4-15　国選弁護人候補指名通知依頼書　38

Ⅱ-4-16　勾留請求書　38

Ⅱ-4-17　勾留質問を受ける，みなさんへ　39

Ⅱ-4-18　勾留質問調書　39

Ⅱ-4-19　勾留状　39

Ⅱ-4-20　勾留理由開示請求書　40

Ⅱ-4-21　勾留取消請求書　40

Ⅱ-4-22　勾留理由開示の実施数【司法統計年報】40

Ⅱ-4-23　勾留に対する準抗告申立書　41

Ⅱ-4-24　準抗告に対する決定　41

Ⅱ-4-25　勾留期間延長請求書　41

Ⅱ-5-1①・②　弁解録取書・別紙　42

Ⅱ-5-2　取調べの録音・録画の試行状況【警察庁提供】43

Ⅱ-5-3　証人尋問請求書　44

Ⅱ-5-4　外国語通訳図書【最高裁判所事務総局・法廷通訳ハンドブック〔英語〕（1990 年），〔中国語〕（1992 年）】45

Ⅱ-5-5　通常第 1 審において被告人に通訳人・翻訳人がついた外国人事件の国籍別終局人員【概況(下)211 頁】45

Ⅱ-6-1　国選弁護人選任請求書・資力申告書　46

Ⅱ-6-2　接見室【警察庁パンフレット】46

Ⅱ-6-3　被疑者国選弁護人制度　47

Ⅱ-6-4　接見等の指定に関する通知書　48

Ⅱ-6-5　接見指定書　48

Ⅱ-6-6　接見等禁止請求書　49

Ⅱ-6-7　接見等禁止決定　49

Ⅱ-6-8　接見禁止請求新受人員，禁止決定のあった人員の経年変化【司法統計年報】50

Ⅱ-7-1　警察における罪名別微罪処分処理件数【警察庁 HP】52

Ⅱ-7-2　送致書　53

Ⅲ-1-1　検察官の事件処理件数【犯罪白書】54

Ⅲ-1-2　罪名別起訴・起訴猶予率【検察統計年報】55

Ⅲ-1-3　不起訴処分における理由別人員【検察統計年報】55

Ⅲ-1-4　検察審査会【最高裁判所事務総局・日本の裁判〔日本語版〕】56

Ⅲ-1-5　検察審査会の事件の処理状況【概況(上)344 頁】56

Ⅲ-1-6　起訴相当・不起訴不当事件の検察官の事後措置【概況(上)349 頁】56

Ⅲ-1-7　検察審査会の議決後起訴された人員の第 1 審裁判結果【概況(上)350 頁】56

Ⅲ-1-8　検察審査会により起訴議決がなされた例　56

Ⅲ-1-9　付審判決定のあった事件の裁判結果等【概況(上)213 頁】57

Ⅲ-1-10　付審判請求事件の処理状況【司法統計年報】58

Ⅲ-2-1　訴訟条件の分類　59

Ⅲ-2-2　交通反則通告制度の運用状況【犯罪白書】60

Ⅲ-2-3　交通反則切符（一般用）60

Ⅲ-2-4　交通切符（非反則事件用）60

Ⅲ-2-5　少年審判【最高裁判所事務総局・日本の裁判〔日本語版〕】61

Ⅲ-2-6　少年審判手続の流れ【田宮＝廣瀬編・注釈少年法〔第 4 版〕（2017 年）】62

Ⅲ-2-7　刑法犯の少年・成人別検挙人員および少年比の推移【犯罪白書】63

Ⅲ-2-8　少年の起訴人員【検察統計年報】63

Ⅲ-2-9　時効廃止を伝える新聞報道【読売新聞】63

Ⅲ-3-1　公判請求人員の主要罪名別内訳【検察統計年報】64

Ⅲ-3-2　起訴された人員の手続別・裁判別内訳【検察統計年報】65

Ⅲ-3-3　起訴状　65

Ⅲ-3-4　移送通知書　66

Ⅲ-3-5　送達報告書　66

Ⅲ-3-6　略式手続の告知手続書・申述書　67

Ⅲ-3-7　略式命令　67

Ⅳ-1-1　裁判官による刑事合議法廷【最高裁判所提供】68

Ⅳ-1-2　陪審制度・参審制度・裁判員制度　69

Ⅳ-1-3　裁判員裁判（模擬）【最高裁判所提供】70

Ⅳ-1-4　デンマークの参審裁判所【松澤伸教授提供】70

Ⅳ-1-5　ドイツの参審裁判所【田口守一教授撮影】70

Ⅳ-1-6　裁判員制度の対象となる事件の数【裁判員制度パンフレット】71

Ⅳ-1-7　裁判員が裁判手続に参加した日数【裁判員制度パンフレット】71

Ⅳ-1-8　調査票　73

Ⅳ-1-9　呼出状　74

Ⅳ-1-10　質問票（当日用）74

Ⅳ-1-11　裁判員等選任手続の流れ　74

Ⅳ-1-12　宣誓書　75

Ⅳ-1-13　裁判員候補者待機室【最高裁判所提供】75

Ⅳ-1-14　質問手続（模擬）の様子【最高裁判所提供】75

Ⅳ-1-15　通常第１審における終局人員の審理期間，平均審理期間，平均開廷回数および平均開廷間隔【概況(上)196頁】　78

Ⅳ-1-16　即決裁判申立書　79

Ⅳ-1-17　即決裁判手続に対する意見書　79

Ⅳ-1-18　簡易公判手続決定人員【概況(上)78頁】　80

Ⅳ-1-19　通常第１審における即決裁判手続の実施状況【概況(上)78頁】　80

Ⅳ-2-1　刑事事件記録　81

Ⅳ-2-2　保釈請求却下決定　81

Ⅳ-2-3　保釈請求書　82

Ⅳ-2-4　保釈許可決定　82

Ⅳ-2-5　準抗告申立書　82

Ⅳ-2-6　勾留期間更新決定　83

Ⅳ-2-7　通常第１審における在宅，勾留，保釈人員【概況(上)209頁】　83

Ⅳ-2-8　弁護人選任に関する通知および照会　85

Ⅳ-2-9　弁護人選任に関する回答書　85

Ⅳ-2-10　弁護人選任届　86

Ⅳ-2-11　国選弁護人選任書　86

Ⅳ-2-12　証明予定事実記載書面　88

Ⅳ-2-13　類型証拠開示請求書　89

Ⅳ-2-14　予定主張記載書面　89

Ⅳ-2-15　主張関連証拠開示請求書　90

Ⅳ-2-16　鑑定命令　90

Ⅳ-2-17　公判前整理手続　91

Ⅳ-3-1　刑事手続の流れ　94

Ⅳ-3-2　第１回公判調書　95

Ⅳ-3-3　通常第１審における自白事件および否認事件の割合【司法統計年報】　95

Ⅳ-3-4　冒頭陳述書（検察官）　96

Ⅳ-3-5　訴因変更の要否・可否　98

Ⅳ-3-6　訴因変更請求書　98

Ⅳ-3-7　証拠等関係カード（甲）　100

Ⅳ-3-8　証拠等関係カード（乙）　100

Ⅳ-3-9　略語表　101

Ⅳ-3-10　証人召喚状　101

Ⅳ-3-11　宣誓書　101

Ⅳ-3-12　被告人質問調書・証人尋問調書　102

Ⅳ-3-13　ビデオリンク方式による証人尋問　105

Ⅳ-3-14　証人の遮へい　105

Ⅳ-3-15　証拠開示命令請求書　106

Ⅳ-3-16　証拠開示命令　106

Ⅳ-3-17　部分判決制度　109

Ⅳ-3-18　評議の様子（模擬）【最高裁判所提供】　110

Ⅳ-3-19　裁判員の守秘義務　111

Ⅴ-1-1　証拠の意義　112

Ⅴ-1-2　厳格な証明・自由な証明　112

Ⅴ-1-3　事実認定　113

Ⅴ-2-1　声紋鑑定写真【鈴木隆雄「科学捜査入門(20)」研修451号99頁（1986年）】　114

Ⅴ-2-2　尿の任意提出書　115

Ⅴ-2-3　領置調書　115

Ⅴ-3-1　自白法則と違法収集証拠の排除法則との関係　116

Ⅴ-3-2　司法警察員面前調書　116

Ⅴ-3-3　留置人出入簿に基づく捜査報告書　117

Ⅴ-3-4　自白の任意性に関する弁護人の意見書　117

Ⅴ-4-1　伝聞例外の体系　118

Ⅴ-4-2　被疑者検察官面前調書　119

Ⅴ-4-3　鑑定書　119

Ⅴ-4-4　酒酔い酒気帯び鑑識カード　120

Ⅴ-4-5　実況見分（犯行再現）調書　120

Ⅵ-1　判決・決定・命令の区別　121

Ⅵ-1-1　判決　122

Ⅵ-1-2　調書判決　123

Ⅵ-1-3　通常第１審における終局人員の終局区分【概況(上)244頁】　124

Ⅵ-1-4　通常第１審における無罪人員および無罪率【概況(上)253頁】　124

Ⅵ-1-5　通常第１審における無罪理由別人員【司法統計年報】　125

Ⅵ-1-6　無罪判決の公示（官報）　125

Ⅶ-1-1　上訴概観　127

Ⅶ-1-2　控訴申立人員および控訴率【概況(上)70頁】　128

Ⅶ-1-3　控訴申立書　128

Ⅶ-1-4　控訴審における終局人員の控訴理由別内訳【司法統計年報】　128

Ⅶ-1-5　控訴趣意書　129

Ⅶ-1-6　判決（控訴審）　129

Ⅶ-1-7　上告申立人員および上告率（高裁）【司法統計年報】　130

Ⅶ-1-8　上告申立書　130

Ⅶ-1-9　上告趣意書　130

Ⅶ-1-10　判決（上告審）　130

Ⅶ-1-11　決定（上告審）　130

Ⅶ-2-1　再審手続　131

Ⅶ-2-2　再審開始決定　131

Ⅶ-2-3　再審請求事件の罪名別終局区分【概況(上)330頁】　131

Ⅶ-2-4　再審請求事件の請求人別・請求事由別既済人員【概況(上)327頁】　132

Ⅶ-2-5　再審開始決定の確定した著名事件【概況(上)331頁】　132

Ⅷ-1　執行概観　134

Ⅷ-2　執行指揮書　134

巻末資料　法テラス全国事務所一覧　135
　　　　　特定非営利活動法人全国被害者支援ネットワーク加盟団体一覧　136

〔編著者紹介〕

田口　守一（たぐち　もりかず）　早稲田大学名誉教授

佐藤　博史（さとう　ひろし）　弁護士

白取　祐司（しらとり　ゆうじ）　北海道大学名誉教授

目で見る刑事訴訟法教材〔第 3 版〕

2002 年 9 月 30 日	初　版第 1 刷発行
2009 年 4 月 15 日	第 2 版第 1 刷発行
2018 年 3 月 30 日	第 3 版第 1 刷発行
2020 年 9 月 15 日	第 3 版第 2 刷発行（補訂）
2025 年 4 月 10 日	第 3 版第 4 刷発行

編著者　　田口　守一
　　　　　佐藤　博史
　　　　　白取　祐司

発行者　　江草　貞治

発行所　　株式会社　有　斐　閣
　　　　　郵便番号　101-0051
　　　　　東京都千代田区神田神保町 2-17
　　　　　https://www.yuhikaku.co.jp/

印　刷　　大日本法令印刷株式会社
製　本　　大口製本印刷株式会社

© 2018，田口守一・佐藤博史・白取祐司．Printed in Japan
落丁・乱丁本はお取替えいたします。
★定価はカバーに表示してあります。

ISBN978-4-641-13928-2

[JCOPY]　本書の無断複写（コピー）は，著作権法上での例外を除き，禁じられています。複写される場合は，そのつど事前に（一社）出版者著作権管理機構（電話03-5244-5088，FAX03-5244-5089，e-mail:info@jcopy.or.jp）の許諾を得てください。

本書のコピー，スキャン，デジタル化等の無断複製は著作権法上での例外を
除き禁じられています。本書を代行業者等の第三者に依頼してスキャンや
デジタル化することは，たとえ個人や家庭内での利用でも著作権法違反です。